韓日新聞社説における「主張のストラテジー」の対照研究

ひつじ研究叢書〈言語編〉

【第50巻】言語科学の真髄を求めて－中島平三教授還暦記念論文集
　　　　　　　　　　　　鈴木右文・水野佳三・高見健一 編
【第51巻】日本語随筆テクストの諸相
　　　　　　　　　　　　高崎みどり・新屋映子・立川和美 著
【第52巻】発話者の言語ストラテジーとしてのネゴシエーション行為の研究
　　　　　　　　　　　　　　　　　　　　　　　切りぬける・交渉・談判・掛け合い
　　　　　　　　　　　　　　　　　　　　　クレア マリィ 著
【第53巻】主語と動詞の諸相－認知文法・類型論的視点から　　二枝美津子 著
【第54巻】連体即連用？－日本語の基本構造と諸相　　　　　　奥津敬一郎 著
【第55巻】日本語の構造変化と文法化　　　　　　　　　　　　青木博史 編
【第56巻】日本語の主文現象－統語構造とモダリティ　　　　　長谷川信子 編
【第57巻】日本語会話における言語・非言語表現の動的構造に関する研究
　　　　　　　　　　　　　　　　　　　　　　　　坊農真弓 著
【第58巻】ニュータウン言葉の形成過程に関する社会言語学的研究
　　　　　　　　　　　　　　　　　　　　　　　　朝日祥之 著
【第59巻】韓日新聞社説における「主張のストラテジー」の対照研究
　　　　　　　　　　　　　　　　　　　　　　　　李貞旼 著
【第60巻】ドイツ語再帰構文の対照言語学的研究　　　　　　　大矢俊明 著
【第61巻】狂言台本とその言語事象の研究　　　　　　　　　　小林賢次 著
【第62巻】結果構文研究の新視点　　　　　　　　　　　　　　小野尚之 編
【第63巻】日本語形容詞の文法－標準語研究を超えて　　　　　工藤真由美 編

ひつじ研究叢書〈言語編〉第59巻

韓日新聞社説における
「主張のストラテジー」の対照研究

李貞旼 著

ひつじ書房

目　次

第 1 章　序論　1

 1.1　はじめに　1
 1.2　本論文の構成　4

第 2 章　文章構造研究に関する先行研究　7

 2.1　はじめに　7
 2.2　文章の成分及び文章構造研究に関わる主要概念　11
 2.3　従来の文章研究の分析観点　12
  2.3.1　対照言語学における文章研究　12
  2.3.2　日本語学における文章研究　16
 2.4　本研究の目的と研究方法　35
  2.4.1　本研究の目的　35
  2.4.2　本研究の分析方法と分析資料　36
 2.5　本章のまとめ　40

第 3 章　韓日の新聞社説の文章のマクロ構造　45

 3.1　はじめに　45
 3.2　先行研究と本研究の位置づけ　47
  3.2.1　先行研究と本研究の位置づけ　47
  3.2.2　研究課題　61
 3.3　本研究における分析方法（主題文の認定方法）　61
  3.3.1　見出しの本文中の反復表現　61

		3.3.2	叙述表現と主観修飾語	81
		3.3.3	提題表現	94
	3.4	主題文になり得る条件(複合的な観点から)		102
	3.5	文章の区分と文章構造類型		104
	3.6	分析結果と考察		107
	3.7	主題文の表現類型		114
	3.8	本章のまとめ		121

第4章　韓日の新聞社説の文章のミクロ構造　　125

	4.1	はじめに		125
	4.2	文の機能に関する先行研究と本研究の立場		126
		4.2.1	文の機能に関する先行研究	126
		4.2.2	文の機能に関する本研究の立場	127
		4.2.3	研究課題	129
		4.2.4	分析方法	129
	4.3	本研究における文の機能分類		131
		4.3.1	叙述方法の面から	131
		4.3.2	文脈展開内容の面から	136
	4.4	分析結果と考察		144
		4.4.1	研究課題1：第1文と第2文の連接関係	144
		4.4.2	研究課題2：文章全体の文の配列	149
	4.5	考察		154
	4.6	本章のまとめ		156

第5章　本研究の結論と今後の課題　　159

	5.1	はじめに		159
	5.2	本研究の分析結果と総合的な考察		160
		5.2.1	韓日の新聞社説の文章のマクロ構造	160
		5.2.2	韓日の新聞社説の文章のミクロ構造	164

5.3	結論	167
5.4	今後の課題	169

参考文献	173
索引	183
あとがき	187

第 1 章　序論

1.1　はじめに

本研究は、意見を主張することを主な目的とする論説文のジャンルとしての韓日の新聞社説の文章を資料として、韓日両言語間の主張の表し方を日本語学における文章論の立場から、韓日対照することを目的とする。

　日本語の文章論の中心的な課題は、「究極において文章の構造の解明を目的とする」(永野1986:79)とされている。「文章構造」とは、「文章を、全体として眺め渡したときに見られる結構[1]」(永野1986:79)と定義されている。従来の文章構造の研究については、日本語学における様々な観点からの先行研究の成果により、有益な知見が得られている。この文章構造の研究は、日本語学のみならず、対照言語学的な観点からも有効なのではないかと思われる。その理由は、文化による言語の相違が生じるのは、人間関係が重要な要素となる言語のパフォーマンスにおいてである(メイナード1997:73)とする立場から考えると、文章構造の対照研究の意義が大きいと考えられることによるものである。

　韓国語と日本語は文構造が非常に類似しているといわれるが、韓国人の日本語学習者の会話や作文には、日本語母語話者のものとの間に言語表現上のギャップが多々見られる。語彙、文法、アクセント、文章の構造など、その要因は様々であるが、これまでの韓日両言語の対照研究においては、語彙や文法を中心とした研究が大半を占め、文章レベルの表現に注目した研究は皆無に近い[2]。しかし、国際化が進むにつれ多国間のコミュニケーションの場

が増えつつある現代社会において、誤解のないコミュニケーションを期待するには、文法や語彙などの研究も重要であるが、文章そのものを対象として、お互いの言語の相違点を研究する必要があると考えられる。

その中で日本にとって世界の中で地理的に最も近い国は韓国であり、経済・文化などいろいろな分野で密接な交流が行われている。従って、様々な目的で来日する韓国人が多くなっているが、その中には留学を目的に来る人も多い。多くの韓国人の留学生は、日本語は他の言語より学習しやすいと思っていたが、実際に学習してみると、韓日両言語には表現方法に微妙な差があり、多くの韓国人の留学生が日本人とのコミュニケーションの大変さを感じたという。コミュニケーションがうまくいかない理由の1つとしてよく指摘されるのが、日本人のはっきりものをいわない、物言いの曖昧さである。一方、日本人にとっては、韓国人の表現はストレートすぎて、しばしばコミュニケーションに支障を来すという。これは、両者の母語の表現形式をそのまま対象言語に直訳することから生じる問題である可能性が考えられる。

そこで筆者は、両言語の新聞社説の文章を対象として、文章構造類型(文章型)を比較対照し、その共通点や相違点を明らかにする必要があると考えるに至った。

分析資料として、新聞社説を用いる理由は、社説の文章は、意見を主張することを主な目的とする文章であるため、両言語の主張の展開方法を把握するのに適していると考えたためである。また、社説の文章は、「事態をある見方、考え方によって位置づけて一定の見解を導き、その見解の成り立つ筋道を示して根拠づける機能が中心の文章」(中島 1990:67)であることから、論説文の典型としての性格を備えており、「日本語教育の作文教育において、素材をふまえて自説を展開する能力の養成が重要な目標の一つ」(杉田 1993:111)とされることから、論説文の文章の特徴の解明は、読解力の養成や作文指導の立場からも意義あるものとして考えられる。

日本語学の文章論研究においては、永野(1972、1986)は、文章を文法論の一部としてとらえ、「連接論」、「連鎖論」[3]、「統括論」という3つの観点

を設定し、それらの観点から文章構造の特徴をとらえることが可能であるとしている。永野(1986)によれば、「連接論」とは、隣り同士の2個ずつの文の関係を考えるものであり、「連鎖論」とは、文章における文の役割を、全体を通して考えるものである。さらに「統括論」とは、連接論と連鎖論に加えて、文章内の特定の文(主題文)が全体を統括すると考え、文章の統一を確かめるものだとされている。

　3つの分析観点のうち、特に、「統括論」が文章の特徴を探るために有効な観点であるとする指摘もある[4]。また、「統括論」における「文章内の特定の文(主題文)が全体を統括する」(永野1986:121)(傍点は筆者が付した。以下、同様)という説は、本研究における主張のストラテジーの把握において有効な観点であると考えられる。その理由は、「主題文」とは「書き手の最も主張したい文」のことであり、主題文の出現位置を明らかにすることにより、言語文化間の主張のストラテジーがマクロ的に説明できると考えられるためである。ただし、主題文の出現位置を明らかにしただけでは、言語間の主張の展開方法の実態が見えにくい。文章を構成する文のつながりや文の全体的な流れによるミクロ的な立場からの分析を加えることで、より明確に両言語の文章構造の特徴、ここでは、主張の展開方法が説明できると考えられる。

　「人々の言語による相互作用は、非常に広範囲の社会状況に及び、様々な話題にかかわり、また、予測できないほどの数の参加者がでてくるものなので、会話という行為がどの程度まで体系的かということを決定し、会話について一般論を展開することはたいへん難しい」(David, Crystal 1992:179)といわれるが、書かれた文章も同様で、文章構造がどの程度まで体系的なものか、つまり、一般化されているかという問題になると、大変難しいものがある。しかし、一般論を展開することは無理があるかもしれないが、ある程度までは定まった文章構造の類型があると思われる。本研究では、それらの点を承知の上で、韓国語と日本語の新聞社説における文章構造の共通点や相違点を解明したいと思う。

1.2 本論文の構成

本研究は、意見を主張することを主な目的とする文章の典型である新聞社説の文章を資料として、韓日両言語間の主張の表し方を文章構造の面から比較対照することを目的とする研究であり、全5章から構成される。

第1章では、本研究の理論的背景・動機・意義などについて述べると同時に、本研究の全体的な構成について述べる。

第2章では、本研究に関連する対照言語学と日本語学における先行研究を概観する。文章構造を把握する観点はさまざまであるが、ここでは代表的な分析観点を取り上げて検討するとともに、文章論研究における分析方法上の問題点を明らかにし、文章構造の韓日対照研究の必要性を提起する。最後に本研究の目的と方法を示す。

第3章、第4章は本研究の中心となる。

第3章では、「統括論」の観点から、韓日の新聞社説のマクロ構造の特徴を述べる。ここでは、次の3つの研究項目に分けて分析を行う。

（1） 「文章のマクロ構造」を把握するための重要な要素である「主題文」は、どのような観点から認定すると、有効であるか。（方法論研究）
（2） 韓日両言語には、社説の文章のマクロ構造にどのようなパターンの違いが見られるか。（対照研究）
（3） 韓日の新聞社説の文章の「主題文」には、どのような表現類型が見られるか。

(1)の研究課題を明らかにするために、まず、文章のマクロ構造を把握している先行研究の分析観点を取り上げ、その分析観点による分析には問題点があることを指摘しつつ、文章構造を把握するためには、単独の分析観点ではなく、複合的な分析観点による分析が必要であることを実証する。本研究では、特に、叙述表現と主観修飾語、提題表現、さらに見出しの本文中の反復表現という3つの分析観点が文章のマクロ構造を把握するための重要な分

析観点であることを明らかにする。また(2)の研究課題を明らかにするために、上記の3つの分析観点から、書き手の最も主張したい文(「主題文」)、つまり、1つの文章の中で最も統括力が大きい文を認定して、その「主題文」の本文中の出現位置から文章構造類型を把握し、韓日の新聞社説の文章のマクロ構造の特徴について述べる。最後に、(3)の研究課題を明らかにするために、(2)の研究結果をもとに、韓日両言語の「主題文」の表現類型の特徴について述べる。

　第4章では、韓日の新聞社説の文章のミクロ構造の特徴について述べる。分析方法としては、表現形式と内容の両方を考慮に入れて、文の機能を分類した上で、その文の機能の相互関係や全体的な流れを見る。ここでは、次の2つの研究項目に分けて分析することにする。まず、(1)書き出し文(第1文)の文章展開における役割を重視して、第1文における文の機能の特徴を韓日対照する。そして、文と文との相互関係を明らかにするために、上に述べた第1文に続く第2文の文の機能を分類し、第1文が第2文に与える影響について探り、韓日対照する。次に、(2)文章全体における主な文の機能を設定し、ここでは書き手の表現意図に注目して文の文章全体における流れを分析するため、叙述方法の面から、文の機能を「事実」と「意見」とに大別して、韓日の文の流れの様相を把握し、韓日の文章展開のパターンの異同について述べる。

　第5章では、本研究の結論を述べる。ここでは、本研究で明らかにした韓日の新聞社説の文章のマクロ構造及びミクロ構造の特徴について主張との関連から考察するとともに、統語論と文章論と語用論の面から見た相互関連性についての考察を行うことにする。最後に、今後に残された研究課題を述べる。

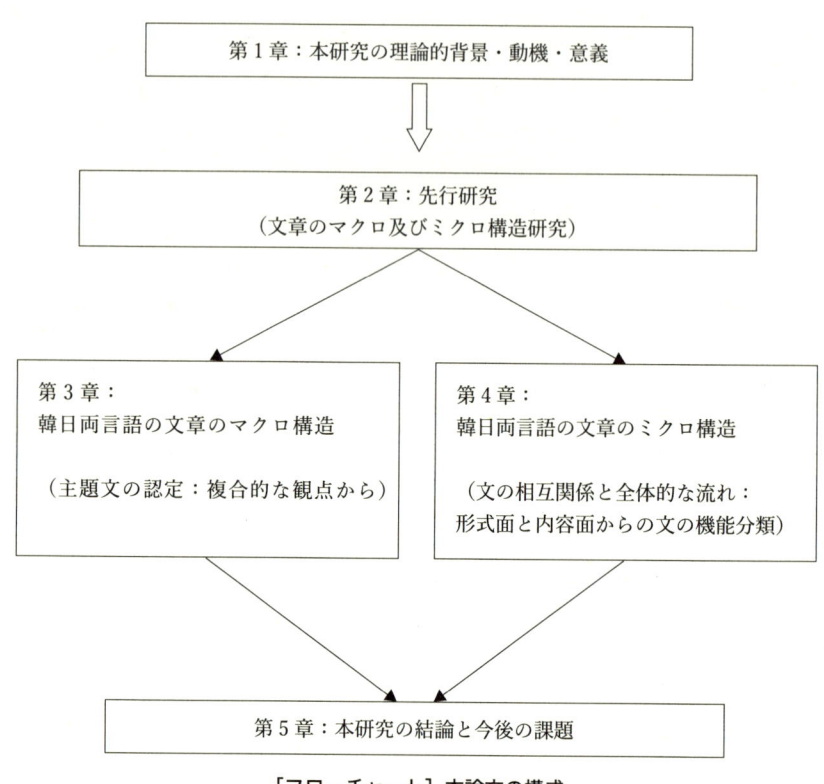

```
┌─────────────────────────────────────┐
│ 第1章：本研究の理論的背景・動機・意義 │
└─────────────────────────────────────┘
                  ⇩
┌─────────────────────────────────────┐
│        第2章：先行研究              │
│   （文章のマクロ及びミクロ構造研究） │
└─────────────────────────────────────┘
            ↙            ↘
┌──────────────────┐  ┌──────────────────┐
│ 第3章：           │  │ 第4章：           │
│ 韓日両言語の文章の│  │ 韓日両言語の文章の│
│ マクロ構造        │  │ ミクロ構造        │
│                  │  │                  │
│（主題文の認定：   │  │（文の相互関係と   │
│ 複合的な観点から）│  │ 全体的な流れ：    │
│                  │  │ 形式面と内容面    │
│                  │  │ からの文の機能分類）│
└──────────────────┘  └──────────────────┘
            ↘            ↙
┌─────────────────────────────────────┐
│  第5章：本研究の結論と今後の課題    │
└─────────────────────────────────────┘
```

［フローチャート］**本論文の構成**

注

1 　組み立てのことを意味する。
2 　ただし、佐久間(1992)に日本人と韓国人を対象とした要約文における文章構造類型の分析が見られる。
3 　市川(1978)では、「配列論」とされている。
4 　これについては、佐久間(1985、1986)を参照されたい。

第 2 章　文章構造研究に関する先行研究

2.1　はじめに

「文章」とは、「書きことば(手紙・日記・新聞記事・小説・詩・随筆・論文など)や、話しことば(対話・会話・討議・テーブルスピーチ・講義・演説など)のような、いくつかの文や段落が集まって、ひとまとまりをなしている、1つに統合された表現全体」(市川 1978:10)をいう。

　文章論の研究には、書き言葉を対象とする文章論と、話し言葉を対象とする談話論があり、厳密にいえば区別される。しかし、文章・談話をいくつかの文や段落が集まって、ひとまとまりをなしている、1つの統合された表現全体ととらえるとしたら、両者には共通点があると考えられる。実際、『言語学大辞典』(1996:897)では、「談話」の項において、「いくつかの文が連続し、まとまりのある内容を持った言語表現を談話という。話されたもの、書かれたものの両者を含む」と定義している。筆者も文章の定義において、書かれたものと、話されたものの両者を含むが、本研究で対象としているのは、書かれたものによる文章(韓日の新聞社説)である。

　時枝(1950)が「語論」、「文論」と並んで、「文章論」を「文法論」の一部とするべきであると主張し、その必要性を説いて以来、日本では、語レベル、文レベルを越える文章を対象とした研究が進められてきたが、その代表的な研究として、永野(1972、1986)と市川(1978)を挙げることができる。永野(1972、1986)は、時枝の文章論を受け継いで、文章それ自体を文法論の対象として正面から取り上げ、分析することの重要性を具体例を持って示

し、後の文章論研究に大きな貢献を果たしている。ただし、永野の研究は、形式を指標とするあまり、文章全体の言語表現の意味の多様性については深く入り込むことがなかったことについて、異論が唱えられていることも事実である。

　そして、永野の「文法論的文章論」の研究とほぼ同時期に、永野の研究と並行して同様の研究を進めていたのが市川である。市川(1978)の『国語教育のための文章論概説』は、その研究が集約されている著書である。永野、市川の文章論の研究は、近年、佐久間(2003)などの「文章・談話論」へと発展し、様々な研究成果を上げている。

　ここで文章論とは何か、その研究内容にはどのようなものがあるかについて述べておく必要があるだろう。文章論とは、文章(語、文とは区別される)単位の言語表現の構造を研究する分野であり、元々は構文論のことを指していた(『日本語学キーワード事典』1997:378)。文体論や修辞論を含むこともある。

　市川(1978:11)によると、文章論の研究内容としては、次のような事項が含まれる。

（1）　文章とは何か。
（2）　文章はどのように分類されるか。
（3）　文と文とは、どのような語句で関係づけられるか。
（4）　文と文とのつながり方には、どんな類型があるか。
（5）　段落はどのようにして成立するか。
（6）　段落と段落とのつながり方には、どんな類型があるか。
（7）　文章全体はどのようにして構成されるか。

　　　　　　　　　　　　　　　　　　　　　　　　　（市川 1978:11）

本研究では、上記の(1)～(3)、(5)の項目について、必要に応じて触れつつ、特に、(4)、(6)、(7)の項目に重点を置いて分析考察していくことにする。(4)の「文と文とのつながり方には、どんな類型があるか」は、本研究

の「韓日の文章のミクロ構造」研究に関連する項目であると考えられる。これについては、2.3.2.1 節で「連接論」を述べる際に詳しく触れることにする。また、(6)の「段落と段落とのつながり方には、どんな類型があるか」は、「韓日の文章のミクロ構造」研究に関連する項目であると考えられる。これについては、2.3.2.1 節で「連鎖論」を述べる際に詳しく触れることにする。また、(7)の「文章全体はどのようにして構成されるか」は、本研究の「韓日の文章のミクロ構造」研究と「韓日の文章のマクロ構造」研究に関わりが見られる項目であると考えられる。本研究に関連する内容についての詳細は、2.3.2 節で「連接論」「連鎖論」「統括論」を述べる際に触れることとし、ここでは(7)の分類の大まかな研究内容について触れることにする。

(7)の「文章全体はどのようにして構成されるか」について、従来の研究では、主に、以下の3点の分類による研究が行われてきた。

1) ［文章の構造による分類］
2) ［文章の運びによる分類］
3) ［文章の性質による分類］

(『日本語学キーワード事典』1997:378)[1]

1)［文章の構造による分類］についてであるが、分析観点としては、

a) 文章の中心となる段落がどこに位置するかによって、
b) 文脈の形成の仕方によって、

(『日本語学キーワード事典』1997:378)

の2つの観点がある。

まず、a)「文章の中心となる段落がどこに位置するかによって」は、文章を頭括式(文章の冒頭に中心段落が現れる)、尾括式(文章の結尾に中心段落が現れる)、両括式(文章の冒頭結尾の両方に中心段落が現れる)、中括式(文章の展開部分に中心段落が現れる)、分括式(文章の2カ所以上に中心段落が

現れる)、潜括式(表面的には中心段落がなく主題が背後に隠れているもの)とに分けて考える立場である。この立場は、本研究の「韓日の文章のマクロ構造」の研究に関連すると考えられるため、これについての詳しい内容は、2.3.2.2節で「統括論」を述べる際に具体的に触れることにする。

次に、b)「文脈の形成の仕方によって」は、文章を「単文章」と「複文章」とに分ける立場である。ここでの単文章とは、1人の書き手の1回の表現行為によって成立した文章であり、複文章とは、1つの文章が他の文章を含む複合的な構造をしたものである。前者の例としては、小説・詩歌・論文・手紙・契約書などの文章があり、後者の例としては、歌集・文集・連作の短編集などの文章がある。本研究の資料、即ち、韓日の新聞社説の文章は、この立場から考えると、前者と後者の両方に含まれると考えられる。なぜなら、社説の文章を1人の書き手が書いた1つの文章であると考えるなら前者に含むことができるが、ほぼ毎日のように書かれる社説は、文集あるいは短編集としての性格も帯びていることから後者にも含まれると考えられるためである。

次に、3)[文章の性質による分類]では、以下の3種類の分け方がある。

a) 文章の調子
b) 表現方法
c) 表現意図

(『日本語学キーワード事典』1997:378)

a)の「文章の調子」によって文章は、韻文(漢詩など韻をふんだ言語表現)と散文(自由な形式の言語表現)とに分けられ、b)の「表現方法」によっては、口語(音声による言語表現)と文語(文字による言語表現)に分けられる。さらに、c)の「表現意図」によって文章は、実用的文章(手紙・日記・報告・広告・説明・記録・評論など)と非実用的文章(小説・随筆・短歌・俳句など)とに分類される。本研究での資料、つまり、韓日の新聞社説の文章は、この[文章の性質による分類]で考えると、散文の、文語による、実用的文章と

して分類されよう。

　さらに、2) [文章の運びによる分類] についてであるが、ここでの研究目的は、書き手が意図するもの、即ち「主張」を読み手に伝えるために、どのような順序で文章を配列するかを把握することにある。この立場は、本研究の「韓日の文章のミクロ構造」の研究に関連すると考えられるため、その具体的な内容については、2.3.2.1節で「連鎖論」を述べる際に言及することにする。

2.2　文章の成分及び文章構造研究に関わる主要概念

本節では、日本語学における文章論の研究を概観するにあたって、文章の成分と文章研究に関わる主要概念について概略しておきたい。

　文章の成分としては、「節・句・単語・形態素・音」などの、文より下位の単位を含めることができるが、「文章の成分となる基本的な下位単位は文である」(永野1986:65)とする傾向がみられる。普通、文章とは「ある意図によって書かれた、まとまった言語作品」であり、「一つのまとまりを持った文の集合」(樺島1983:118)である。また、文と文章との中間に「段落」(paragraph)という単位を設定することが多い。「段落」とは、「ある程度の長さの文章を、書き手が読み手に理解しやすくするために、内容の一まとまり毎に区切った言語表現の一部」[2]である。永野(1986:77)は、「文章を構成する直接の成分は段落であるとするのが便宜であることが多い」と指摘している。「段落」(paragraph)については、形式段落と意味段落[3]などの用語が使われている。

　この段落を中心にして、文章の構成は「1段構成〜多段構成に分類される」(市川1978)が、一般的に用いられるのは二段・三段・四段・五段構成[4]である。さらに、文章は幾つかの段落に分けられ、同じ段落における他の文集合をまとめる働きをする文を「中心文(topic sentence)」という(佐久間1997:118)。また、中心文の中でも文章全体を見渡して、文章全体の主題をまとめる力(統括力)のある最も重要な主題を表す中心文を「主題文」とい

う。そしてその主題文の本文中の出現位置から文章構造を把握する、といったところが文章の主要概念からみた文章研究の1つの流れであるといえよう。

さらに、佐久間(1999)は、文や段の統括力を示す言語形式を「文脈展開形態」[5]と呼び、文章の主要な文脈展開形態として以下の6項目を挙げている。

    a 接続表現 b 指示表現 c 反復表現 d 省略表現 e 提題表現
    f 叙述表現

これらの項目については、2.3.2.2節の「統括論」で詳しく述べることにする。

2.3 従来の文章研究の分析観点

2.3.1 対照言語学における文章研究

本節では、対照言語学における文章研究、ここでは、特に、日本語との対照を行っている研究に限って概観することにする。

まず、Kaplan(1966)は、英語学習者を対象に、英作文の文章の運び方を調査している。その結果、韓国人、中国人、日本人など、いわゆる「オリエンタル」[6]のグループの文章の運び方は、結論へと導くのに、間接的で外側からだんだん中へ渦を巻いて進んでいき、次第に結論に近づいていくという論理構造を持つと指摘している。この指摘は、第一言語の影響を念頭においたものであると推測されるが、筆者の経験からいえば、Kaplanによって"オリエンタル"と一括された韓国語と日本語とでは、文章の展開方法に異なりが見られることが予想される。しかし、従来において韓日の文章構造の違いに着目した研究は、李(2001)、佐久間編(1992、1994)などわずかに見られるだけで、まだ緒についたばかりである。

Condon(1980)は、日本人とアメリカ人の大学生を対象に、段落中の文を

順不同に並べかえて一番良いと思う順番に再構築させた結果、アメリカ人大学生には一定のパターンが見られるが、日本人の大学生にはそれがないことを結論付けている。また、Hinds(1983)は、朝日新聞の「天声人語」を分析し、日本語の「天声人語」のレトリック構成法は、伝統的な起承転結的な書き方が好まれることを指摘した上で、日本人の英語学習者の英作文にその構成上のストラテジーが持ち込まれることがあるかも知れないことを指摘している。また、Hinds(1990)には、日本語、韓国語、中国語、タイ語におけるレトリック法についての言及が見られる。英語では演繹法(deductive)、つまり、論旨を先に述べ、それから文章を展開して結論に至る方法が使われるが、日本語を含む上記の4つの言語は「準帰納法」によるレトリック法が使われると説明する。「準帰納法」とは、演繹法と帰納法(論旨や結論を文章の終わりで述べる方法)の中間的な方法による論理展開パターンである。Hinds(1990)では、「準帰納法」には、次のような特徴が見られると指摘する。

1. 論旨にあたるものは文章の最後に出てくる。
2. 筆者がなぜその文章を書くか、その目的を冒頭では遅れて述べる。
3. 文章内の情報は文章全体のトピックと間接的な意味関係を結んでいる。
4. 結論はその前で述べられる論理の方向と必ずしも密接に関係しているわけではない。

しかし、文章のジャンルが論説文の場合においては、筆者の内省からいえば、少なくとも1～3の指摘は、Hindsで一括りにしている日本語と韓国語とでは論理展開のパターンに多少違いがあるように思う。また、Hinds(1990)の研究結果と似ている報告をしている研究として、Kobayashi(1984)を挙げることができる。

　Kobayashi(1984)は、英語母語話者と日本語話者を4つのグループ(1. 英語を母語とするアメリカ人の大学生　2. アメリカの大学で上級英語を勉強し

ている日本人学生 3.日本の大学で英語を専攻している大学生 4.日本の大学で英語以外を専攻している大学生)に分け、彼らの書いた作文を分析しているが、日本語話者と英語母語話者の作文には違いが見られることを報告している。その中に、作文の展開において、一般論・まとめを先に提示するか、具体的な詳細事項を先に提示するかという点に着目したところが見られる。それによると、日本人の大学生は具体的な詳細点を先に述べ、次第に一般論や論点のまとめに進む傾向が強く、一方、アメリカ人の大学生は、一般論や論点を先に述べ、後で細かい点を説明する傾向が強いと指摘している。なお、アメリカで上級英語を勉強している日本人大学生は、この２つのタイプの中間であるとの指摘が見られる。

次に、西原(1990)では、日・英語の修辞法の差異について言及している。『ニューズウィーク』誌の日本語版と英語版、日本人の書いた英語を英語母語話者が訂正した原稿、日本語をよく知っている英語母語話者が英語に翻訳した原稿に日本語を知らない編集者が手を加えたものの３種類を資料とし、指示詞、接続詞、文の表出順序の３つの観点から観察している。その結果、日本語と英語とでは修辞法に違いが認められると報告している。その具体的な内容とは、「日本語では章の終わりに配置される内容が英語では冒頭に置かれるという修辞パターン」(1990:36)であるとし、「英語では次に続く部分の内容への予告として一般的な事柄をまず述べ、(中略)日本語では、徐々に説き起こして結論に至る、いわゆる『起承転結』型が一般的に受け入れられている」(1990:39)とのことである。

また、杉田(1995)は、文章構造を論説文における文の配列の観点から考察している。具体的な方法としては、12文からなる文章の文を順不同に提示し、日本語母語話者と英語母語話者に再配列させている。結果、両者には配列のパターンに違いが見られると指摘する。日本語では主観を表す表現が文章の後半に集中しており、前半の部分にはほとんど現れないが、英語では主観を表す表現が文章の冒頭や末尾の両方に現れると指摘している。さらに、英語では「書き手は最初から最後まで、終始一貫自らの意図を途切れることなく明確に表明する」が、日本語では「文章前半の文章単位では主観表

現を出さず、客観的にものごとを説明することで相手を説得するというストラテジーがとられる」(p.46)とまとめている。

次に、メイナード(1997)は、「文の陳述」の方法を探るために、文の種類を「記述文(非コメント文)」と「意見文(コメント文)」の2種類に大別し、そのうち、「コメント文」の文章中の出現位置から文章構造を解明しようとしている。その結果、日本語の文章構造は「結論[7]が表現単位の終わりの方に出てくる」(p.141)傾向が強いと述べた上で、「この現象は談話レベルに限ったものではなく、文のレベル、段落のレベル、文章全体のレベルで陳述部分を最後に持ってくるという傾向がある」(p.141)ことを付け加えている。

上記の先行研究の知見から、日本語の文章構造の特徴としてある共通点が見出された。つまり、日本語の文章構造は文章の前半より後半に結論を述べるというレトリックが好まれる傾向があることである。従来、日本語学において日本語の文章構造の特徴として指摘されていたことが、対照言語学によって再確認されたことになる。

次に、ここでは語レベル、文レベルでの韓日対照研究が多い中、文章を対象とした韓日対照研究を行っている金(1992)の研究について触れることにする。金(1992)では、日本人と韓国人の作文(4こま漫画を与え、それをもとに作文したもの)を対象に、「1 記述順序：こまの配列順」、「2 文章の量的比較：文の数、M'単位[8]の数」、「3 読点の使用量」、「4 指示詞の使用量とその種類」、「5 段落」、「6 文章の内容比較」という6つの観点から分析している。その中で、「1 記述順序：こまの配列順」についての研究結果を見てみると、「日本語では1、2こまは大枠を表すものから部分を表すものへと並べるAB順に、3、4こまはオチをつけるなど起伏をつけるためにこまの配列を時間の流れと逆の順にCDと配列する傾向が見られる。韓国語では1、2こまについてはAB順、BA順がほぼ同数、3、4こまは時間の流れの順であるDCの順が(中略)はるかに多い」と報告している。

以上、主に、日本語を対象とした対照言語学における文章研究について概観してきたが、以上の研究の多くは、次節で述べる日本語学における文章研究の主な分析観点、つまり、「連接論」「連鎖論(配列論)」「統括論」の観点

からの分析ではない。また、分析資料として、主に個人が書いた作文などを対象としている傾向が見られる。しかし、分析方法や分析資料が違っていても、これらの研究によって日本語の文章構造の特徴がより明確な形で明らかになり、言語文化間には文章構造に違いがあることが明らかになったといえよう。

ただ、上記の対照言語学における文章構造研究では、文構造の違いが文章構造の違いに影響を与えることを示唆しているが、文を対象とする統語論と違い、文章論は言語の運用(パフォーマンス)を対象としている。従って、統語論と文章論はそれぞれ独立した領域であり、必ずしも同一の原理が働いているとは考えにくい。また、主張の文章である新聞社説におけるパフォーマンスは主張のストラテジーとして文章に現れるのではないかと考えられる。そこで、本研究では、統語論では共有点が多い韓国語と日本語を対象に、両言語の文章構造の特徴を明らかにし、それらの違いを見出していきたい。

本研究では、上記のことを明らかにするために、日本語学における文章研究の観点を援用しているが、次節では、日本語学における文章研究について概観する。

2.3.2 日本語学における文章研究

本節では、日本語学における文章構造研究の観点を概観する。ここでは、主に、文章研究の基盤を構築した永野(1972、1986)、市川(1978)、佐久間(1986、1987、1990、1999、2003)の研究を中心に見ていくことにする。

まず、永野(1972、1986)は、その研究の柱として、「連接論」、「連鎖論」、「統括論」の3つの分析観点を設け、文章構造を説いている。一方、市川(1978)は、「文・段落の連接論」、「文・段落の配列論」、「文章の統括論」という観点から文章構造[9]を把握している。また、佐久間(1986、1987、1990、1999、2003)は、「文章論」を論じるには、まず、その主要な構成要素、つまり、「文章の成分」を規定する必要があるとし、内容上、ひとまとまりの話題を表す統括機能を有する段[10]を設けている。そして、段の中には、文章の主題をまとめて1編を完結させる統括機能を有する「主題文」

によって統括される「中心段」があるとして、統括機能を有する中心段の配列位置と配列頻度により、6種の「文章構造類型」(「文章型」)を分類している。近年では、これらの研究を受けて、文章を対象とした文章研究が行われるようになったといえよう。

以下、文章研究の主な観点としての、(1)連接論、(2)連鎖論(配列論を含む)、(3)統括論について詳述する。また、(1)〜(3)以外の観点として「要約文」についても触れることにする。

それに先立って、ここでは、本研究における用語の基本概念について定義しておくことにする。本研究では、文章構造をマクロ構造とミクロ構造[11]とに分けて考えることにする。本研究における「文章のマクロ構造」とは、文章論の先行研究の「統括論」の立場から見た文章の全体構造を意味している。つまり、文章の中には文章全体を統括する文(主題文)や段落(中心段)があり、その主題文や中心段が文章中のどこに出現するかにより文章の構造類型を把握するという立場である。この立場は、書き手の意図する最も重要な事柄がどのようなパフォーマンスで展開されているかを文章全体を通して巨視的に見ようとする立場でもある。

また、本研究における「文章のミクロ構造」とは、先行研究の「連接論」と「連鎖論」の立場からみた新聞社説の文章構造を指している。文章は内容上統一されたいくつかの文が集まって構成されるが、文章のジャンルによっては、文章全体において、文あるいは段落がその流れにある特徴を持って展開され、また、文と文が相互に何らかの関連性を持ちつつ展開されると考えられる。このような立場を、本研究では「文章のミクロ構造」と呼ぶが、これは、文章が成り立つ際の文章展開の様相を説明する観点であるといえよう。

ここでは、「文章のミクロ構造」を把握する観点としての(1)連接論、(2)連鎖論(配列論を含む)と、「文章のマクロ構造」を把握する観点としての(3)統括論とに分けて、それぞれの観点による文章構造の研究について概観することにする。

2.3.2.1 「文章のミクロ構造」に関する先行研究

本節では、文章のミクロ構造を分析した先行研究について概観することにする。ここで触れておきたいことは、第3章で述べる文章のマクロ構造に関する先行研究と第4章で述べる文章のミクロ構造に関する先行研究には重なる部分があるという点である。それは、第3章も第4章も共通して文章の構造を述べることを目的としており、文章の構造を把握するには、文章を構成する際の基本的な単位である文の働きを見なければならないためである。

(1) 連接論

「連接論」とは、永野(1972、1986)によれば、「文章は文の連続として成り立ち、文脈を保ちつつ展開していくものである。文脈とは、最初の文から次の文へ、さらに次の文へという、隣りどうしの文の意味の関係である。その隣り合った二個の文の連続の関係を連接関係という」(1986:104)と定義される。

永野(1972、1986)の「連接論」では、隣り同士の文に見られる意味のつながりが、どのような言語標識によって表されているかを調べている。そして、それを指標としつつ、文章全体の意味のつながりを把握し、文章の特徴を解明しようとしている。具体的には、連接関係を示す指標となる言語形式には、「接続語句、指示語、助詞、助動詞、同語反復、言い換え、応答詞」の7種類があり、これらの言語形式により2つの文のつながりを、「①展開型、②反対型、③累加型、④同格型、⑤補足型、⑥対比型、⑦転換型」の7種と、「⑧飛石型、⑨積石型」の「連接方式」の2種とで合計9類型[12]に分けている。

一方、市川(1978)の「連接論」は、文と文とがつながって文脈が形作られていくとし、「文と文をつなぐ形式」には、以下のようなものがあるとする。

（a）前後の文(あるいは節)相互を直接、論理的に関係づける形式
　　① 接続詞を用いる(例：その計画はなかなかおもしろい。しかし、実行は困難だと思う)
　　② 接続詞的機能をもつ語句を用いる
　　　（ア）接続詞的に用いられる副詞・名詞(例：Nさんはみんなに好かれている。現に、あの人の悪口を言う人に会ったことがない。／兄は右の道を進んだ。一方、弟は、左の道を選んだ)
　　　（イ）接続詞的に用いられる連語(例：兄はやせて背が高い。それに対して、弟はずんぐりと太っている)
　　③ 接続助詞を用いる(例：山には雪が降ったが、里には降らなかった)
　　④ 接続助詞的機能をもつ語句を用いる(例：力が足りなかったため、不成功に終わった)[13]
（b）前文(あるいは前節)の内容を、後文(後節)の中に持ち込んで、前後を内容的に関係づける形式
　　⑤ 指示語を用いる(例：彼は駅のベンチで本を読んでいた。それを見たものがあった)
　　⑥ 前文の語句と同一の語句を用いる(例：窓からは林が見えた。林は、夕日に美しく照らされていた)
　　⑦ 前文の語句に対して同義あるいは類義の語句を用いる(例：山の上には最前から巨大な入道雲がそびえている。雲の峰は、少しずつ形を変えはじめた)
（c）その他の形式
　　⑧ 前後関係を説明する表現を用いる(例：そのような理由で)
　　⑨ 前文の表現を(要約して)接続語的に繰り返す(例：朝から雨が降った。雨によって、大会は延期された)
　　⑩ 特殊な文末表現を用いる(例：私は返答に困った。思いもよらないことだったからである)

⑪　なんらかの意味で前後関係を表す語(もしくは記号)を用いる
　　(ア)　ある種の助詞(例：も、さえ)
　　(イ)　ある種の名詞(例：翌朝、次)
⑫　特殊な活用形を用いる
　　(ア)　連用中止法(例：朝五時に起き、すぐ支度にとりかかった)
　　(イ)　仮定形(例：行くのがいやなら、よしなさい)

(市川 1978:52–56)

　市川(1978)は、上記の「文脈展開形態」(「接続語句、指示語、連用中止型、文末表現」など)から文の連接関係には、「①順接型、②逆接型、③添加型、④対比型、⑤転換型、⑥同列型、⑦補足型、⑧連鎖型」などの基本的な8類型があると指摘する。上述した永野と市川の分類には、佐久間(1983)も指摘するように、一部違いが見られる。例えば、永野(1986)で①展開型としている、「明け方から雨が降りだした。雨は、夕方までやまなかった」の例は、市川(1978)では③添加型に分類されており、また、永野(1986)で①展開型としている、「丘の上に、赤い屋根の建物が見えるでしょう。あれは、わたしの卒業した小学校です」の例は市川(1978)では⑧連鎖型(「接続語句」が普通用いられないもの(想定できないもの))に含まれている。
　また、佐久間(1983)にも文の連接関係に関する言及が見られる。佐久間は、長田(1965)に従い、文の連接関係には、「狭義のもの」と「広義のもの」とがあるとし、狭義の文連接は2文間の論理的関係のみを対象とし、広義の文連接はより広範な、あらゆる文脈展開の諸相を扱うものであると指摘する。さらに文章全体の構造を解明するには、3文以上の複合した連接関係を扱う必要があるとする。永野、市川、佐久間の他にも、連接論を説いた研究としては、鶴田(1953)、土部(1973)、堀川(1960)などがあるが、ここでは割愛する。
　上記のような、「連接論」の分析観点は、「結束性」[14]と関連する研究であり、文間文脈の流れをたどるのに役立つと考えられる。ただ、永野、市川、佐久間などの研究では、文と文との連接関係を接続語句や指示詞などの言語

形式を主な指標としている。しかし、文と文との連接関係を考える際には、文の形式面のみならず、意味内容面も考慮に入れて分析を行う必要があると考えられる。そこで、本研究では、上記の連接論の観点を援用し、文と文とのつながりを言語形式のみならず、意味内容面をも考慮に入れて、「文の機能」を把握し、文と文との相互関係から、文脈の流れ、つまり、韓日の文章のミクロ構造の特徴を明らかにすることを目指す。

永野(1986:114)でも指摘するように、「連接論」は「文章の統一原理を明らかにする観点としては、文脈展開の流れをたどるにとどまり、立体性(文章全体の仕組みをみること)に乏しい」という。そこで、さらに別の観点から文章の特徴を見る必要があるとして、次に挙げる「連鎖論」の観点を挙げている。

(2) 連鎖論

「連鎖論」とは、永野(1972、1986)によれば、「文の連鎖というのは、文の連続における一つ一つの文を鎖の輪に見立てて、文が鎖状に連なることによって文章が成り立つ、とする見方である」(1986:114)という。「文の連鎖」は、文章の文脈展開に求められる一貫性(coherence)[15]のことを意味することもあるが、まず、「文の連鎖」による研究としては、永野(1972、1986)を挙げることができよう。永野(1972、1986)の連鎖論では、連続する複数の文を鎖の輪に見立て、文が連なることによって文章が成り立つとする見方をとっている。永野(1986)では、連鎖論の中に「主語・陳述・主要語句」の連鎖の3種類を立てている。

まず、主語の連鎖では、文章を構成するすべての文の主語が文章内で何らかの関係を保つと見て、主語がどのように表現されているかを観察している。このとき、主語のあり方の違いによって、文の性格も違ってくる。従って文の種類には、以下の4種類があるとする。

(1) 現象文：新しい事象を読み手に提示する。文脈の上では、主語に力点がかかる。(「が」の主語の文)例：雨がふっている。

（2）判断文：既出の事象、あるいは一般的な命題、さらには、指示語で提示した事物などを題目として提示し、その題目についての説述をなす。文脈上述語の方に力点がかかる。(「は」の主語の文)例：二たす二は四である。

（3）述語文：事象を事象として叙述するのであるが、題目を欠くという意味では現象文に近い。ただ、その事象の主体が何であるかを取り立てて言わなくても表現として機能を果たす。(もともと主語のない文)例：悔しい。

（4）準判断文：先行する文の主語を引き継ぐという関連から主語の省略された文であって、文脈に題目を依存させることによって主語を暗示し、述語のみを提出する。(「は」の主語が省略された文)例：千五百円です。

(永野 1986:145-146)

永野(1986)は、「主語の連鎖」において、「現象文」、「判断文」、「述語文」、「準判断文」の連鎖について、上記のように分類し、そのような主語の連鎖からみた文章の典型として、「①現象文の連鎖を基調とする文章」、「②現象文と判断文との交錯を基調とする文章」、「③判断文の連鎖を基調とする文章」を挙げている。つまり、それぞれの文章がどのような文の種類で始まり、展開されているかを説いている。

次に、「陳述の連鎖」についてであるが、永野(1986)は文章を構成するすべての文の述語の持つ文末の陳述形式が、文章全体を通して相互に何らかの相関関係をなしている事実に着目した陳述の連鎖という観点から、文章の展開の特徴を解明しようとしている。永野(1986)の「陳述の連鎖」とは、「文章を構成する一つ一つの文末述部に筆者の意図が集約的に表現されているという前提に立ち、文章全体を通して文末の表現形式の変化と統一とを検証することにより、文章構造を解明しようとする一つの観点」である。そこでは、例えば、①「〜した」などという陳述で貫かれた「単一なもの」もあれば、②「過去」の陳述を基調としながらも、間に「現在」の陳述がはまりこ

んでいるようなもの(「次元を異にするものが複合し、あるいは、はさみこまれ、包括されたもの」)もあるとしている。

そして、永野(1986:239-240)では、「詞(客体的事物：事物・事柄)」と「辞(主体的立場：客体的な事物についての表現者の立場・考え方・情感など)」とを区別しており、陳述の連鎖の観点に立って文章構造を解明するには、文末述部において複数の辞が重層的に表現される事象に着目する必要があると指摘し、その観点に基づいて「辞に関する分類語例表」[16]を提示している。その内容は、「A：辞の四分類」、「B：機能の単複による分類」、「C：志向による分類」、「D：態度による分類」に大別されているが、永野(1986)は、現実にある文章を陳述の連鎖という観点から観察するためには、「D：態度による分類(客体的事象の叙述・主体的立場の陳述・読み手への働きかけ)」が最も適切だとしている。また、永野(1986)は、「陳述連鎖図」を作成し、それぞれの項目が文章のどこに分布されているか、また、それぞれの項目の関連性などを説明している。

さらに、永野(1986:295-296)の「主要語句の連鎖」とは、「文章の筆者が主題と題材とに即して客体界をどうとらえ、どのように分節し、どのような語句の連結を中核と据えて整理配列をするかという文章の全体構造の骨格についての一つの観点」(p.297)である。そして、「主要語句」とは、「文章の主題やモチーフにかかわりの深い、いわば中核となる語句が、文章の叙述の中でくり返して用いられたり、その類語や対義語が提示されたりして文脈を支えている連鎖の全体を文章構造の骨格としてとらえたもの」であるとしている。このような永野の連鎖の観点は、文章全体の結構を把握する上では有効であるが、前にも指摘したように、主に言語形式面を指標としているため、文章全体における意味面上の流れの把握に不備な点があるように感じられる。

一方、永野(1972、1986)の連鎖の観点に対して、市川(1978:104)は、文と文との展開を「配列的観点」から述べている。ここでいう配列的観点とは、「それぞれの文の内容や形態をふまえた上で、文相互の配置のあり方を考えようとする立場」である。つまり、市川(1978)の配列的観点とは、文

末表現の形態及び、文の内容の質的相違で文の展開を解明しようとするものである。そして、市川(1978)では、文を内容の質的相違によって、1)「事実を述べた文」、2)「見解を述べた文」、3)「事実と見解を交えた文」とに3分類し、事実と見解を次のように細分類している。

「事実」・・・ ｛ 時間的(推移的)内容
　　　　　　　空間的(状態的)内容

　　　または ｛ 行為・行動・事件(人間が主体となる事柄)
　　　　　　　情景・外界・自然現象(人間をとりまく環境)
　　　　　　　心理・思考(人間の内面)

　　　または ｛ 描写
　　　　　　　説明

「見解」・・・ ｛ 意見(批評・評価・確信・疑問・推測・意志・願望)
　　　　　　　感動
　　　　　　　要求(問い・勧誘・命令・禁止・依頼／要望)

（市川 1978:105–106）

市川(1978)では、文を、1)「事実を述べた文」、2)「見解を述べた文」、3)「事実と見解を交えた文」の3種に分類し、文の配置される様相を述べている。この他に、文章を連鎖的観点から述べているものに樺島・寿岳(1965)、林(1983)、杉田(1995)などがあるがここでは割愛する。

　2.1節で述べた［文章の運びによる分類］は、この文の連鎖(配列)の観点と深い関わりを持つ項目であると考えられる。なぜなら、文章の構成を述べる際には、上記の文章の配列のパターンにより、文章を

a)　序論・本論・結論
b)　起承転結
c)　序論・説明・証明・補足・結論／序言・陳述・論証・反論・結語

d) 演繹型・帰納型

などに分類することがあるためである。a)〜d)の分類は、文の配列を段落（段）を中心に、文章を2段構成〜5段構成に分類したものであり、その他にも1段構成、多段構成(4段構成、5段構成を含む)などがある。なお、論説の文章(新聞社説など)においては、文章をa)序論・本論・結論の3段構成に分類することが一般的である[17]。

以上をまとめると、「連鎖論」とは、その連鎖のタイプが文章のどの部分に出てくるか、文章全体にどのように分布しているか、などに基づいて文章展開の性格付けに役立てようとするものである。つまり、前述の文の連接関係という観点は、隣同士の2個ずつ(あるいは3個以上)の文の関係を考えるものであるが、連鎖関係(配列的観点を含む)というのは、文章における文の役割を、全体を通して考えるものである[18]。

2.3.2.2 「文章のマクロ構造」に関する先行研究
(1) 統括論

「統括論」とは、永野(1972、1986)によれば、「文章内の特定の文(主題文)が全体を統括すると考え、文章の統一を確かめるものである」という。この観点は、言い換えれば、主題文(結論：書き手の最も主張したいことが書かれる文)の出現位置の面から文章のマクロ構造を明らかにしようとする研究領域であるといえよう。

市川(1978)は、「文章の全体構成」[19]において、大段落の統括機能による「文章の構成形式」という項目を立てているが、そこでは、最終的に、いくつかの(大)段落に区分されるかによって、文章構成が以下のような2種5類に分類されている。

(a) 全体を統括する(大)段落を持つもの(統括型)
　　(ア) 冒頭で統括するもの(頭括式)：全体は二段に分かれる。
　　(イ) 結尾で統括するもの(尾括式)：全体は二段に分かれる。

　　　　（ウ）　冒頭と結尾で統括するもの（双括式）：全体は三段に分かれる。
　　　　（エ）　中ほどで統括するもの（中括式）：全体は二段に分かれる。
　（ｂ）　全体を統括する（大）段落を持たないもの（非統括型）
　　　　（オ）　冒頭・結尾があっても、それが統括機能を持たないもの：全体は二段・三段・多段（四段以上）などに分かれる。

（市川 1978:156-160）

　また、永野(1986:315-328)に、文法論的文章論の基本的な枠組みとして、「連接論」「連鎖論」の総合的な分析観点としての「統括論」の体系的な記述がある。永野(1986:315)の「統括」とは、「文章を構成する文の連続において、一つの文が意味の上で文章全体を締めくくる役割を果たしていることが言語形式の上でも確認される場合、その意味上形態上の特徴をとらえて文章の全体構造に於ける統一性と完結性とを根拠づけようとする文法論的観点である。」と定義している。永野の「統括論」は、「連接論」と「連鎖論」に加えて、文章内の特定の文が全体を統括すると考え、文章の統一を確かめる方法である。そして、統括の機能を果たす言語形式が文章中にいかなる位置を占めているかによって、「(1)冒頭統括、(2)末尾統括、(3)冒頭末尾統括、(4)中間統括、(5)零記号統括」の5種の類型を立てている。(1)～(4)までは統括するものの位置が予測可能であろう。(5)零記号統括とは、「統括の機能を果たすべき言語形式を文章のどの位置にも指摘することが困難なものである」という。

　さらに、永野(1986)は、「文章の統括」の形態的特徴に着目し、連接関係や連鎖関係と統括の類型との対応関係を「統括の原則」として、以下のようにまとめている。

（一）　位置による統括（連接関係による統括）
　　（1）　展開型・反対型・累加型・・・・末尾統括
　　（2）　同格型・補足型・・・・・・・・冒頭統括
　　（3）　対比型・転換型・・・・・・・・零記号統括

（二）　文法的特徴をもつ言語形式による統括（連鎖関係による統括）
　　（１）　主語の連鎖の観点から見出される統括
　　　　（ⅰ）　現象文による統括・・・・・末尾統括
　　　　（ⅱ）　判断文による統括・・・・・冒頭統括・末尾統括・冒頭末尾統括
　　　　（ⅲ）　述語文による統括・・・・・冒頭統括・末尾統括
　　（２）　陳述の連鎖の観点から見出される統括
　　　　（ⅰ）　陳述部の重層構造における統括・・・叙述辞は述定辞に、述定辞は伝達辞に統括される。
　　　　（ⅱ）　陳述部の同位の層における統括・・・歴史的現在は過去形によって統括される。「の」を含む辞はそれ以外の辞を統括する。
　　　　（ⅲ）　零記号の辞によって統括されるものがある。

（永野 1986:327–328）

　この永野説の統括類型は、市川説の「文章構成の型」と同じであるが、永野（1986）では、市川説との関連については特に言及していない。
　次に、佐久間(1985、1986、1987、1989、1990、1999、2002、2003)では、「文章型」を論じるには、まず、その主要な構成要素、つまり、「文章の成分」を規定する必要があるとして、内容上、ひとまとまりの話題を表し、形式上、そのひとくぎりを示す、統括機能を有する言語形態指標を持つ言語単位としての「段」を規定している。そして、「文章の主題をまとめて一編を完結させる統括機能を有する段」を「中心段」と呼び、文章の主題を表す中心段が他の段を同じ主題を支えるひとまとまりの表現として統括するということを指摘している。さらに、「文章の中心段」には、「種々の統括機能があり、文章の種類や規模に応じた種々の役割があり、主題文の機能や文章中の配列位置もいろいろである」という。佐久間は、中心段の統括機能の配列位置と配置頻度による基本的な文章構造類型として、先行研究諸説を検討した結果、次の6種を設定している。

ア．頭括型（文章の冒頭部に中心段が位置するもの）
イ．尾括型（文章の結尾部に中心段が位置するもの）
ウ．両括型（文章の冒頭部と結尾部に中心段が位置するもの）
エ．中括型（文章の展開部に中心段が位置するもの）
オ．分括型（文章の2か所以上に複数の中心段が分散して位置するもの）
カ．潜括型（文章中に中心段がなく、主題が背後に潜在するもの）

以後、統括論の観点、つまり、文章のマクロ構造を述べる際、上記の佐久間[20]の6つの文章構造類型（文章型）を引用することが多くなる。この他に、統括論から見た文章の特徴を述べているものに塚原(1966)、土部(1973)などがあるが、ここでは割愛する。

　以上をまとめると、「文章の統括」とは、統一と完結との両者を含む概念であって、文の連接と連鎖との観点をふまえてこれを一本化しようとする立場である。言い換えれば、「連接論によって文脈展開の流れをたどり、連鎖論によって全体の結構を把握したうえで、統括論によって文章としての統一性と完結性とを最終的に確認しようとするもの」である(永野1986:315)。

　ここでは、さらに、文章の統括力を示す言語形式を具体的に見ていくことにする。寺村他編(1990)、佐久間他編(1997)、佐久間(1999)は、前述のように、文や段の統括力を示す言語形式を「文脈展開形態」と呼び、文章の主要な文脈展開形態として次の6項目を挙げている。

　　a　接続表現　b　指示表現　c　反復表現　d　省略表現　e　提題表現
　　f　叙述表現

以下、a～fの項目について述べている諸説について佐久間と他の研究者の観点を取り上げて、順に見ていくことにする。これらa～fの項目は、文章の特徴を考える際に主要な下位項目であるといえよう。

(a) 接続表現

永野(1986)では、文や段落の連接論において、連接関係を示す直接の指標となる言語形式の1つとして「接続語句」を挙げ、それを手がかりに文章構造を解明しようとしており、市川(1978)も、「接続語句」は前後の文(あるいは節)相互を直接、論理的に関係づけるものであると指摘する。

　佐久間(1990、1992、1997、2002)も、「接続表現」(接続詞、接続助詞、連用中止型などを含む)は文脈によって様々な文の連接関係を形成するとし、その連接関係の類型には、順接型、逆接型、添加型、対比型、同列型、転換型、補足型があると指摘する。佐久間はさらに、段落や文章全体における文の連接関係を考えるには、単独の接続助詞や接続詞だけでなく、より大きいサイズの接続表現としての働きをする言語形式についても考える必要があると説いている。以上のように、接続表現は、連接論から見た文章構造、つまり、文章のミクロ構造を把握する際に重要な言語形式であるといえよう。

(b) 指示表現

「指示表現」[21] については、永野(1986)で、文や段落の連接論において、連接関係を示す直接の指標となる言語形式の1つとして指示語を挙げ、それを手がかりに文章構造を解明しようとしている。市川(1978)も、指示語は前文(あるいは前節)の内容を、後文(あるいは後節)の中に持ち込んで、前後を内容的に関係づける形式であると指摘する。さらに、高崎(1990)では、指示表現を「前方指示」と「後方指示」とに分け、「前方指示」はそれより前にある内容を指し示す指示表現の用法で、とりまとめの機能を持ち、「後方指示」は、それより後の内容を指し示す用法で、予告の機能を持つと指摘し、この指示表現によってなされる対照的な働きは、文章構造上重要な役割を果たすと述べる。以上のように、指示表現も連接論から見た文章構造、つまり、文章のミクロ構造を把握する際に深く関わりを持つ言語形式であるといえよう。

(c)　反復表現

市川(1978)では、「前後の文脈を関係づけている同一語句、同義・類義の語句を一括して、「繰り返し語句」と呼び、『繰り返し語句』は、文章読解の重要な手がかりを与えるものとして、キイワード、中心語句、重要語句などと呼ばれることがある。」(p.86)と指摘されている。また、永野(1986)では、「文章における語の役割と主要語句の連鎖」という項目で、「主要語句ないし主要語句の連鎖は、文章構造の解明のための観点であるから、全体における関連が問題なのである。従って、主要語句は反覆を必要とするもので、意味内容の拡張、振幅、類語との置き換え、反対語との対比・対照、関連語との連繋などの観点が必要となるのである。」(p.296)としている。

　反復表現について述べているものには、市川、永野の他に、高崎(1986、1990)、馬場(1986)、李(1999、2001)、後藤(1999)らがあるが、高崎(1990)は、市川、永野の「繰り返し語句」「主要語句の連鎖」を「反復表現」と称し、「ある語句が一つの文章の中で、同一語句や関連語句によって頻繁に反復表現として現れる場合、それらの語句は文章中の重要な役割を果たすことが多く」、そして「反復表現の様相が、その文章の話題とか主題(書き手が最も述べたい事柄)のありかたを反映することが多い。」と反復表現の重要性を指摘している。

　これらの研究においては、文章中によく出てくる語句、つまり、文章中の反復表現が文章を理解するのに重要な役割を果たすことを述べているものが大部分を占め、本文を理解する鍵とでもいうべき「見出し語句」と「本文中のその反復」との関係に着目したものではない。李(1999、2001)では、見出しが文章構造を解明するのに大きな役割を果たしているという観点から、「見出し語句」の文章における「反復」を分析している[22]。また、後藤(1999)も、李と同様に、見出しの本文中の反復を調べている。後藤(1999)では、見出しの反復表現の文章中の出現位置と見出しが文章全体にどのように関与しているかについて述べている。本研究でも後藤と同様に見出しの文章理解における役割を重視して、見出しの本文中の反復を調べることにした。

　ここで触れておきたいことは、反復表現に着目した先行研究では、文章中

で多く反復される表現(同一語句・関連語句、上位語・下位語などを含む)に着目しているが、本研究では、「見出しの本文中の反復表現」に着目している点である。以上のように、反復表現は連接論、連鎖論及び統括論、つまり、文章のミクロ及びマクロ構造を把握する際に深く関わりを持つ言語形式であるといえよう。

(d) 省略表現

ある語句の反復を避けたり、いわなくても分かることを表現せずにすませたりして、文中の要素のいずれかが欠落している表現を「省略表現」(高崎1990:54)というが、省略には、主語・述語・接続表現などの省略が考えられる。久野(1978)によれば、これらは「文脈に応じて省略し得る場合とそうでない場合とがあるが、省略の根本原則として、省略される要素は、言語的文脈、あるいは非言語的文脈から、復元可能(recoverable)でなければならない」ということがいわれている。

　省略表現は、(c)の「反復表現」とはある意味で対照的である。反復表現は、先行語句が語句の形を取って繰り返されるのに対して、省略表現は先行語句を明示することはないためである。しかし、前の内容が繰り返されるという点においては、両者には共通点があるといえよう。以上のように、省略表現は、連接論、連鎖論及び統括論、つまり、文章のミクロ及びマクロ構造を把握する際に深く関わりを持つ言語形式であるといえよう。

(e) 提題表現

永野(1986)は「主語の連鎖」から文章構造の解明を試みているが、佐久間(1987)は、主語より広い「提題表現」という概念を用いて、文段の統括機能を分析している。佐久間は、「提題表現」を「文の主題を表す言語形式全般をまとめたもの」と定義し、文章・談話の提題表現を分析するには、永野(1986)の「ハ」「ガ」のみならず、「「ニツイテハ」「トイエバ」「トキタラ」[23]のような、文の主題よりも広い範囲の話題を表す言語形式に注目する必要がある」(佐久間1990b:63)と指摘している。また、提題表現の中には「文や段

落全体が提題表現になるようなものもある」と指摘している。そして、提題表現を表す具体的な形式として、以下のようなものを挙げている。

　　　モ・トハ・ッテ・ト言エバ・トキタラ・ナラ(バ)・判断辞(ダ、デス)＋
　　　ガ・判断辞＋ケレドモ・コソ・シモ・サエ・スラ・ダッテ・トテ・トイ
　　　エドモ・デモ・ナリ・ナンカ・タラ・テバ・トイウト・トシテハ・ニツ
　　　イテイエバ・ニスレバ・デハ [24]　　　　　　　　　　（佐久間 1990b:63）

さらに、佐久間(1990:68)では、「提題表現は叙述表現と呼応して文を構成する」が、「一般に、多くの文に共通して用いられる提題表現ほど、文章全体の主題や表題に関連する傾向が強い」と述べている。以上のように、提題表現は連接論、連鎖論及び統括論、つまり、文章のミクロ及びマクロ構造を把握する際に深く関わりを持つ言語形式であるといえよう。

(f)　叙述表現

永野(1986)では、前述したように、「述語は原則として文末に位置するものであり、その文末の陳述形式は文全体の表現意図をになっている。」として、「陳述の連鎖」から文章構造の把握をしている。市川(1978)は、主に、叙述表現の表現形式・意味内容から文を、「1　事実を述べた文」、「2　見解を述べた文」、「3　事実と見解を交えた文」に3分類し、「文の配列」の観点から文章の展開方法を解明している。

　また、野村(1990、2000)は、「叙述表現は提題表現と呼応して文を構成するもので、その中心的な役割をはたすのが述語である」(1990:71)と述べ、「文章の中で提題表現が相互に関係し合うように、叙述表現も相互に何らかの関係性をもっていると考えられ、叙述表現の連鎖する現象をとらえてゆくことができよう」(1990:71)と指摘している。

　文章構造を解明するにあたって叙述表現に着目した先行研究には、永野、市川、野村の他に、藤村(1988)、木戸(1992)、後藤(1996)、伊藤(1996)、メイナード(1997)などがある。藤村(1988)は、日本語の新聞社説の文末述

部に焦点を当てて、文章の統括が文章の冒頭部、展開部、結尾部のいずれに向いているかによって文章の構造類型を決定している。その結果、日本語の新聞社説の文章構造類型は全体の約7割が「尾括式」の文章であると指摘する。また、社説に使われる文末表現は、「判断」に属するものが最も多いとも指摘する。木戸(1992)と後藤(1996)については、後述するため、ここでは割愛することにする。伊藤(1996)は、佐久間(1987)に従い、文章論における「段の統括機能」の形態的指標を文末述部の表現として、文末述部の分類を行い、書き手の表現意図がどのように示されるのかを調査している。伊藤(1996)は、永野の「辞に関する分類語例表」の「D.態度による分類」(客観的事象の叙述、主体的立場の陳述、読み手への働きかけ)を、「A.客体的表現」「B.主体的表現」「C.伝達的表現」と名称を改め、永野の言語形式を重視する文末述部の分類に加えて、文末表現の表す意味の面も考慮に入れ、文末述部を細分している。また、永野の「陳述部の重層構造における統括」(1986:328)論に基づいて、「C.伝達的表現」が「A.客体的表現」と「B.主体的表現」を統括し、「B.主体的表現」が「A.客体的表現」を統括するという原則を設けている。

　次に、メイナード(1997)では、「文の陳述」の方法を探るために文の種類を「記述文(非コメント文)」と「意見文(コメント文)」の2種類に大別しており、「コメント文」を表現形式を手がかりに細分類している[25]。メイナード(1997)はこのうち、コメント文の文章中の出現位置から文章構造を解明しようとしている。以上のように、叙述表現は連接論、連鎖論及び統括論、つまり、文章のミクロ及びマクロ構造を把握する際に深く関わりを持つ言語形式であるといえよう。

　以上、「連接論」「連鎖論(配列論)」「統括論」から見た文章研究に関する諸研究を概観してきた。実際の文章を用いて文章構造の特徴を述べている研究の多くは、文章中で最も統括力の大きい文(主題文)を主に言語形式をマーカーに抽出し、その主題文の出現位置から文章のマクロ構造の特徴を説明する傾向が見られる。しかし、文章の特徴を述べるためには、文章中で最も統括力のある主題文の出現位置を明らかにする、つまり、文章のマクロ構造を

明らかにすることは勿論必要であるが、それに加えて、文章を構成する文と文との連接関係や全体的な文の流れの様相、つまり、文章のミクロ構造を明らかにする必要もあると考えられる。

(2) 要約文

文章のマクロ構造を把握するための重要な要素である「主題文」は、文章の重要な内容をとらえてまとめる「要約文」と共通点を持っている。「要約」とは「元の文章(原文)の主な内容をより少ない言語分量で再構成して表現する言語行為」(佐久間1992)であるという。

佐久間(1992)は、要約文は「原文の内容に対する要約者各人の文章理解のあり方を反映するものであるが、原文の中心的内容との関係が深いものは要約文中に残され、さほど重要でないものであれば、捨象されてしまう。従って、要約文に残存する原文中の要素は、すべて要約者の原文の理解過程で重要な要素として評価される表現」であると指摘する。また、佐久間(1992)では、「要約」の必要性について、「高度情報化社会の昨今は、一種の情報処理技能として、基本的かつ高度な言語技能の一つとされている」と指摘する。さらに、佐久間(1998)では、原文の文章構造が要約文の表現にどのように反映するかを分析し、要約文の表現方法について言及している[26]。館岡(1996)にも、原文の文章構造が要約文にどのように反映されるかについての言及が見られる。

このような文章の重要な内容をとらえてまとめる「要約文」は、文章のマクロ構造を書き手の最も主張したい文(主題文)の出現位置から把握する立場から考えると、要約文の研究は文章のマクロ構造研究の実証的な研究であると考えられる。本研究では、文章構造の解明において要約文との関連性からの分析はしないが、要約文の残存傾向と文章構造との関連による分析も、文章構造の解明の有力な方法の1つになり得ると考える。これについては、今後の検討課題としたい。

以上、2.3節では、文章構造を把握するための分析観点などについて述べたが、実際の文章を用いて日本語の文章構造の特徴を説いている先行研究

は、文章のミクロ構造、あるいはマクロ構造のいずれかに焦点を当てている傾向が見られる。つまり、両方の面から文章構造を把握しようとする姿勢に欠けている面があるのである。

　本研究では、韓日の新聞社説の文章構造の特徴をより精緻に把握するためには、マクロ的な観点、及びミクロ的な観点の双方からの分析考察が必要であると考えている。なぜなら、主題文の出現位置の面から見た文章のマクロ構造の分析のみでは、文章がどのような展開によって構成されるかについての説明に不十分さが残るため、文章を構成する際の基本的な成分である文に着目して、その文と文のつながりや全体的な流れの分析、つまり、文章のミクロ構造の分析が必要であると考えられるためである。

2.4　本研究の目的と研究方法

2.4.1　本研究の目的

本節では、本研究の目的について述べることにする。

　言語学における対照レトリックの研究においては、その研究対象として、限られた言語との比較対照が見られる。しかも、文構造が異なる言語が対象とされている傾向がある。また、文章を対象とした対照研究の多くが、いわゆる日本語学における文章構造分析に立脚した研究ではない。

　ここでは、特に、2.3.2節で取り上げた先行研究をもとに、統語論と文章論と語用論の関連性について探ってみたい。日本語と英語は文の構造が異なり、日本語は、「主語＋（目的語＋）述語」の語順になる。一方、英語は、「主語＋述語（＋目的語）」の語順になる。つまり、書き手の表現意図を表す述語が、日本語では文の終わりに位置するが、英語では文の初めに置かれるのである。

　2.3.1節で取り上げた文章構造に関する比較対照研究では、日本語とは文構造が異なる言語を対象として、その結果、文構造の違いが文章構造の違いに影響を与えることを示唆した。古くから、言語文化間の文章構造の違いは、文構造が違うことに起因するという説もある（牧野 1978）。

しかし、果たして文構造の違いが文章構造に影響を与えるものだろうか。筆者の内省によると、韓国語と日本語は、文構造は類似しているが、文章構造には違いがあるように思われる。この点を明らかにするには、文構造の類似する言語を対象として、文章構造を比較対照する必要がある。そこで、本研究では、文構造が類似する韓日両言語を対象として、両言語の新聞社説の文章における文章構造の特徴を明らかにし、文構造が文章構造に与える影響の有無をも検討することにする。なお、志部(1990:24)では、「朝鮮語(韓国語)とはどのような言語かと問われるとき世界の言語の中で最も日本語によく似た言語といっても過言ではあるまい」と指摘されている。

　もし、文構造が類似する韓日両言語において、意見を主張することを目的とする社説の文章構造に違いが見られるとしたら、そのことは両言語文化間では主張のストラテジーに違いがあることを意味しており、さらに、そのことは、語用論において韓日の言語文化間には違いがあることに繋がると考えられる。

2.4.2　本研究の分析方法と分析資料

本研究は、韓日における新聞社説の文章構造の特徴を明らかにすることを目的としている。

　本研究のアプローチの方法は、基本的に日本語学における文章構造の分析観点、つまり、連接論、連鎖論(配列論)、統括論という3観点を援用することにする。具体的には、まず、(1)文章のマクロ構造の特徴を明らかにするために、「統括論」に着目する(文章のマクロ構造分析)。次に、(2)文章のミクロ構造の特徴を明らかにするために、「連接論」と「連鎖論」に着目する(文章のミクロ構造分析)。

　文章のマクロ構造の分析では、先行研究の統括論の観点に従い、主題文の文章中の出現位置から文章構造を把握する。具体的には、文章構造を把握するための最も有力な観点と考えられる「見出し」の本文中の反復表現、叙述表現と主観修飾語、提題表現の3つの観点を取り入れる。そして、その3つの観点を総合して主題文になり得る条件を設定した上で、その認定に従っ

て文章中における主題文を把握し、その主題文の文章中の出現位置から韓日の新聞社説の文章のマクロ構造の特徴を明らかにする。本研究でいう文章のマクロ構造研究は、いうならば、文章の全体構造を把握するための研究であるといえよう。

　文章のミクロ構造分析では、文章がどのような展開によって構造を形成するかを明らかにするために、連接論と連鎖論から、つまり、文と文との相互関係や文の文章における全体的な流れの面から、韓日の新聞社説の文章における文章展開の特徴を分析する。文章のミクロ構造研究は、いうならば、文章を構成する成分である文や段落の文章における働きを把握するための研究である。

　文と文との相互関係や文の全体的な配列の様相を把握するためには、「文の機能」を設定する必要があると考えられるが、文の機能は、言語形式と内容の両面から分類する必要がある。文の機能の分類に関する先行研究と本研究の立場については、4.2 節で詳述する。

　なお、本研究における韓日両言語の文章のミクロ構造及びマクロ構造の特徴を把握するための資料は、まず、資料①として、1997 年度 4 月分（4 月 1 日〜4 月 30 日）の『朝日新聞』(46 文章)・『毎日新聞』(52 文章)の計 98 文章例、『朝鮮日報』(58 文章)・『東亜日報』(60 文章)の計 118 文章例の韓日の全国紙各 2 紙、合計 4 紙の社説の文章を各 1 ヶ月分用いる[27]。なお、最近の社説欄は、韓日ともに 1 日分が素材の異なる 2 文章で構成されている。しかし、中には、韓日ともに、1 つの素材で 1 文章になっている、文数、段落数の多い社説もある。本研究では、各文章の分量を平均にするため、1 日分が 1 文章の長い文章は、分析対象外として省いた。資料となった社説の資料①は、日本語の方は 1 文章当たり平均 14.28 段落、30.12 文、1269 文字のもので、韓国語の方は 1 文章当たり平均 4.72 段落、18.77 文、907 文字のものである。ここで触れておきたいことが、2 点ある。第一に、韓国語は段落数が日本語に比べて極端に少なく、日本語の段落数に近い数値を示すものは韓国語の文数である点である。第二に、韓国語と日本語の文字数に違いが見られる点である。その原因として、韓日両言語の読点の使用の傾向及び頻度

が挙げられる。日本語では「、」で示される部分が韓国語では「,」や「分かち書き」で示される。その際、韓国語は「分かち書き」の頻度が多く、「,」はあまり使われない傾向がある。本研究では、機械で文字数をカウントしているが、日本語の「、」と韓国語の「,」は文字数に加算されるが、韓国語の「分かち書き」に使われるスペースは加算されない。そのような理由で文字数に隔たりがあるように見えるが、実際にはほとんど差がないといえる。

　次に、資料②として、2003年6月1日〜2003年6月30日(1ヶ月分)の『毎日新聞』(58文章)と『朝鮮日報』(78文章)の韓日の全国紙の社説の文章を対象としている。なお、最近の日本語の新聞社説は、1日分が素材の異なる2文章で構成されている。一方、韓国語の社説は1日分が素材の異なる3文章で構成されている。資料となった社説の資料②は、日本語の方は1文章平均9.86段落、27.72文、1131文字のもので、韓国語の方は1文章平均5.07段落、13.26文、705文字のものである。なお、資料①が1997年度の資料であるため、やや古い点があることから、比較的新しい時代(2003年度)の資料を加えることとした。また『毎日新聞』を選択した理由は、資料①の分析の結果『朝日新聞』との間に文章構造の点においては違いがなく、またデータ収集が容易であったためである。『朝鮮日報』を選択した理由も同様の理由による。

　それでは、ここで、本研究で資料として取り扱う「社説」とは何かを定義する必要があるが、日本語の『国語大辞典』(1981:1207)によれば、「新聞・雑誌などが、その社の責任において表明する意見や主張」とされており、韓国語の『국어 대사전』(『国語大辞典』)(1987:1741)によると、「신문 잡지 등에서 그 사(소)의 주장으로 게재하는 논설(新聞・雑誌などで、その社の主張で掲載する論説)」と定義している。つまり、社説は韓日ともに、同様の趣旨で書かれたものである。

　本研究で新聞の社説を取り上げた理由は、社説の文章は、主張が明瞭で、会話や引用文が少ないため、全文を一元的に処理しやすいこと、分量が文章構造を把握するのに適当であること、扱われている素材が多岐に渡ること、広範囲の読み手を対象とする、当該社会における規範的な文章と考えられる

ことなどにある。また、前述のように、社説は「事態をある見方、考え方によって位置づけて一定の見解を導き、その見解の成り立つ筋道を示して根拠づける機能が中心の文章」(中島 1990:67)であることから、論説文の典型としての性格を備えており、「日本語教育の作文教育において、素材をふまえて自説を展開する能力の養成が重要な目標の一つ」(杉田 1993:111)とされることから、論説文の文章構造の解明は、読解能力の養成、及び、作文指導の立場からも意義あるものと考えられるためである。

なお、本研究では、日本語の新聞社説と韓国語の新聞社説、両方の資料を用いた対照研究であるため、分析を行う前に断っておく必要がある点が大きく3点ある。

(1) 文章は結束性を持つ複数の文の集合から構成されるものであり、文章構造を解明する際には、文章中の重要な構成要素の文を区分する必要がある。そこで、本研究では、基本的に「。」で記されているところを1文とする文の区切り方を用いる。但し、「。」が付いていても引用文の場合は1文と認めない。それは、書き手の直接的な意図の表現ではないためである。また、韓国語は、日本語と異なる句読点の表記方式(日本語「。」「、」：韓国語「.」「,」「分かち書き」)を採用しているが、本研究では、韓国語の社説の本文では、韓国語の句読点の表記方式そのままを記すことにし、その他のところでは、視覚的一致、見やすさなどを考えて日本語の句読点と同じ表記方式を用いることにする。

(2) 韓国語の社説は、文数や段落数の平均が日本語の社説より少ない。これは、韓国語は1つの文を構成する文字数が多く、また、複文になっているものが多いことに起因するが、全体的な情報量には大差がない。また、書き手による形式段落の区切り方に違いが見られ、日本語の社説はこまめに多く段落を区切っているのに対し、韓国語の社説は段落を大きく、少なく分けている。しかし、日本語を形式段落の数で文章を3つに分けたものと韓国語を形式段落で文章を3つに分けた

ものとに、分量の違いはあまりなかったため、両言語を同じ分析基準を用いて分析を行うことにした。

（3）本研究では、韓国語の社説及び、社説の見出しに翻訳を付けているが、翻訳に当たっては、原則として、直訳を付けるよう心がけた。しかし、直訳にすると、本来の意味が変化したりするものは意訳にした。また、ある言葉が2つ以上の訳をすることができる場合には、できるだけ先行研究[28]などに基づき、最もふさわしい訳を選別して付けることにした。例えば、韓国語の「해야 한다」「하지 않으면 안된다」の両言語は、日本語の「べきだ」「なければならない」のどちらにした方が良いかどうかについては、はっきりしていない。しかし、先行研究によると「해야 한다」(肯定型)は「べきだ」に、「하지 않으면 안된다」(否定型)は「なければならない」にそれぞれ対応させているため、本研究でもそれに従うことにした。

2.5 本章のまとめ

以上、これまでの対照言語学及び日本語学における文章構造研究に関する主な先行研究を概観してきた。上述のように、日本語学における主な文章研究の観点としては、「連接論」「連鎖論(配列論)」「統括論」の3つの観点を挙げることができる。文章構造の解明のためには、統括論の観点から文章のマクロ構造を分析するとともに、連接論と連鎖論の観点から文章のミクロ構造を把握することも必要であると考えられる。しかし、上述したように、実際の文章を用いて日本語の文章構造の特徴を説いている先行研究の多くは、文章のミクロ構造、あるいはマクロ構造のいずれかに焦点を当てており、両方の面から文章構造を把握しようとする姿勢に欠けている面がある。

本研究では、韓日の新聞社説の文章構造の特徴をより精緻に把握するために、マクロ的な観点、及びミクロ的な観点の双方から分析考察することにする。つまり、主題文の出現位置の面から見た文章のマクロ構造の分析と、文章を構成する際の基本的な成分である文に着目して、その文と文のつながり

や全体的な流れを見た文章のミクロ構造の分析である。

注

1 『日本語学キーワード事典』(1997)の小出美河子氏によるものである。
2 『国語教育研究大辞典』(1988:593)の「段落」の項における佐久間まゆみ氏による定義である。
3 形式段落とは、書き手のつけた改行段落であり、意味段落(文段、段ともいう)とは、意味のひとまとまりとしての段落である。意味段落は書き手のつけた改行段落と必ずしも一致するとは限らない。
4 二段:(始め・終わり/始め・展開/展開・終わり/演繹型・帰納型(演繹型文章(統合段落、説明段落の順で構成される)、帰納型文章(説明段落、統合段落の順に構成される。))
　三段:(序論・本論・結論/始め・中・終わり/前・中・後)
　四段:(起承転結)
　五段:(序論・説明・証明・補足・結論/序言・陳述・論証・反論・結語)
5 「文脈展開形態」とは、市川(1978)による用語である。
6 これ以外にも Semitic 系、Romance 系、Slavic 系などが挙げられている。
7 本研究における「主題文」に相当する。
8 ここでの「M'単位」とは、『電子計算機による国語研究Ⅹ』(国立国語研究所報告 67)と『高校教科書の語彙調査』(国立国語研究所報告 76)の「M 単位」を基礎とし、修正を加えた単位であるとしている。
9 市川(1978)では「文章構成」と呼んでいる。
10 佐久間氏の「段」とは、「文段」と「話段」の総称である。
11 野村(2000)では、テクストのレベルには、マイクロ・メゾ・マクロのレベルがあるとし、マイクロ・マクロの2つのレベルだけを想定すると、理論の空所が生じることを指摘しており、その中間に「メゾ」のレベルを想定する必要があることを論じている。そこでは、テクストが複数の発話や文からなるとみなしたとき、3つのレベルがそれぞれどのような指標を中軸とするかを、次のようにまとめている。
　a. マイクロのレベル:形式的な特徴や語の意味、統語論の範疇を指標として、発話や文相互の関連性を規定する。
　b. メゾのレベル:発話や文の意味、機能あるいは表現類型の範疇を指標としてテク

　　　　ストおよび部分テクストのまとまりの組織を規定する。
　　　c. マクロのレベル：テクストおよび部分テクストの組織や類型性を指標としてテクストを文化的・社会的あるいは制度的に規定する。

(野村 2000:112)

本研究の「文章のミクロ構造」は、文の相互関係を取り扱っている点で、野村(2000)にいう「マイクロのレベル」と、文の意味と機能の面に着目している点で「メゾのレベル」と関連性があると考えられる。なお、本研究の「文章のマクロ構造」は、野村(2000)にいう「マクロのレベル」とは関連性が低いように思われる。

12　例：
　　①展開型(明け方から雨が降りだした。雨は、夕方までやまなかった。／丘の上に、赤い屋根の建物が見えるでしょう。あれは、わたしの卒業した小学校です)
　　②反対型(これはだれにでも読んでもらいたい雑誌です。しかし、市販されていないのです)
　　③累加型(わたしはがっかりしました。そして、へたへたとそこにすわりこんでしまいました)
　　④同格型(神経質な子どもには、特別な鍛練法を行うとよい。たとえば、乾布摩擦、冷水摩擦、日光浴などがよい)
　　⑤補足型(わたしは、彼に同情しない。なぜなら、彼には誠意がないからだ)
　　⑥対比型(海へ行こうか。それとも、山にしようか)
　　⑦転換型(きょうは、雨の中をお集まりくださいまして、ありがとうございます。では、さっそく、司会のKさんをご紹介いたします)
　　⑧飛石型(船が波止場を離れた。港の空には、カモメが幾羽も飛びこうている。船は白波をけって進んだ)
　　⑨積石型(問題は二つある。一つは経費の問題である。一つは時間の問題である)

13　市川(1978)では、以上の①②③④を一括して「接続語句」と呼んでいる。

14　ハリデイ＆ハッサン(1991)は、話し言葉であれ、書き言葉であれ、1文以上の文、即ち談話が持つ1つの意味的なまとまりを保証する言語単位を「結束性」(Cohesion)と呼んで、「指示」、「代入」、「省略」、「接続」などの語彙的手段と、文法的手段を取り上げている。市川や永野では「結束性」という用語は用いず、「文をつなぐ形式」(市川 1978)、または「文の連接関係」(永野 1986)などの表現を用いているが、ハリデイ＆ハッサンの結束性とほぼ同じ概念であると考えられる。

15　整合性(糸井(2003:283)を参照されたい。)ともいわれる。

16　永野(1986:249)を参照されたい。

17　佐久間(1997)を参照されたい。

18　この連鎖論(配列論を含む)研究は、一貫性というテクスト性を明らかにすることを目的とする研究分野であるとの指摘がある(糸井 2003)。
19　永野の「文章構造」に相当する。
20　佐久間編(1989)では、要約調査の結果により、6種の「文章型」を実証している。
21　一般に、指示表現には①文脈指示、②場面指示、③観念指示があるが、①文脈指示とは、指し示す内容が本文の文脈の中にある指示の仕方で(例：私の四つ上の叔父が死ぬ時「「人生とはaこんなものか」といったそうだ。(中略)。叔父のbこの言葉を直接聞かなかったら…」のうちのb)、②場面指示とは、その場面の中にあるものを指し示す用法(例：洋服屋さんで「これじゃ薄いの？こんな生地じゃ」)であり、③観念指示とは、指し示す内容が話し手の考えの中だけにあるような指示の仕方(上記の例のa)である。その他に絶対指示というのも存在するが、これは例えば、「名古屋からこちら側は関東である」のように、こちらに属する人しかいえないようなときに指し示す指示の仕方である。
22　文章の種類によっては、見出しがある場合とない場合とが考えられる。
23　これらは複合辞の提題形式である。
24　三上(1960、1963)、永野(1972、1986)をまとめ、佐久間で一部加えたものである。
25　その分類についての詳細は、3.2.1節で述べる。
26　これについての詳しい内容は、佐久間(1998)を参照されたい。
27　データ収集においては、様々な種類の新聞を対象とすること、また前提として新聞間の特徴を比較検討することが重要であると考えられる。しかし、以下の理由により、本研究では『朝日新聞』と『毎日新聞』を分析データとして採用した。1つは、両新聞は日本を代表する全国紙であること、また、3大紙といわれる『読売新聞』についても文章構造の点から分析したところ、『朝日新聞』・『毎日新聞』の間には顕著な差がなかったこと、さらに、政党の機関誌である『赤旗』をパイロット的に分析してみたが、同様に『朝日新聞』・『毎日新聞』との間に顕著な違いが見られなかった。また、韓国語においても、『朝鮮日報』・『東亜日報』と並んで韓国の3大紙といわれる『中央日報』をパイロット的に分析した結果、『朝鮮日報』・『東亜日報』との間に顕著な違いが見られなかった。そこで、文章構造の分析資料としては『朝日新聞』と『毎日新聞』、『朝鮮日報』と『東亜日報』に代表させることは妥当であると判断した。
28　森田・松木(1993)『日本語表現文型』翻訳監修：呉美善　다락원　参照。

第3章　韓日の新聞社説の文章の
　　　　　マクロ構造

3.1　はじめに

ますます国際化されつつある現代社会では、異言語・異文化間のコミュニケーションが増えてきているが、特に、韓国と日本は地理的に非常に近い国であって、その分、お互いに接触する機会も多くなってきている。また、接触が増えるにつれ、言語的な誤解が生じる場面も多くなってきている。そのため、両国の言語の在り方を解明する必要性がますます高くなり、特に誤解のないコミュニケーションを期待するには、お互いの言語の仕組みにどのような違いがあるかを把握しておく必要がある。しかし、これまでの韓日両言語の対照研究においては、文法、語彙の研究が中心であって、文章そのものを対象とする研究は皆無に近い。本研究では、これまでの先行研究とは違って、現段階ではあまり盛んではない韓国語と日本語の文章構造の比較対照を行う。また、文章構造を把握する方法にも多くの問題点が残されているのが現状であり、改善されなければならない点が多々ある。本研究ではそのような問題点を改善しながら韓日の文章構造を見ていくことにする。

　日本語の文章のマクロ構造は、書き手の最も主張したい文、つまり、「主題文」が文章の最後に位置するという特徴があると指摘されるが(例えば、藤村(1989)、寺村他編(1990)、木戸(1992)、佐久間(1993)、伊藤(1996)、後藤(1996)、佐久間他編(1997)、メイナード(1997)など)、韓国語の場合の文章のマクロ構造には、どのような特徴が見られるのだろうか。前述の通り、異なる言語間の文章構造の特徴を述べている対照研究では、文構造の異

なる言語を対象とするものが主で、日本語との対照研究の場合は、主に英語との対照研究が見られる。その結果、文構造が異なると、文章構造にも違いが出ることが指摘されてきた。

しかし、果たして文構造の違いが文章構造に影響を与えるものだろうか。第3章では、以上の点を明らかにするために、文構造が類似する韓日両言語を対象として、新聞社説の文章について、両言語の文章構造の相違点を明らかにすることにする。

本研究が文章構造に着目する理由は、文章論の中心課題が、「究極において文章の構造の解明を目的とする」(永野 1986:79)とされることによるものである。また、異なる言語間の文章構造の特徴を明らかにすることで、相互の表現のパフォーマンスの異同を巨視的に見ることができると考えたためである。さらに、「近年、コミュニケーション技能を重視する言語教育の動向と相俟って、文章・談話の性質・構造の解明が要請されつつある」(佐久間 1999:1)という指摘のように、言語教育の面からも文章構造の研究が必要であるといえよう。

本研究では、前述の通り、文章構造を説明するためには、文章のマクロ構造とミクロ構造の両面から把握する必要があると考えられるが、まず、本章では、マクロ構造に着目して、韓日の文章構造を比較対照する。本研究では、韓日の新聞社説の文章の「マクロ構造」を、「主題文」を認定した上で、その主題文が文章中のどの位置に出現するかを比較対照し、両言語の文章構造類型の異同を明らかにする。本研究は、いわば、文章中で最も大きい統括力を持つ文が文章のどこに位置するのか、即ち、書き手の最も主張したいことが文章のどこに現れるのかを把握するための研究であるといえよう。

その分析方法として、前述のように、単独の分析観点では不十分であることから、本研究では、複合的な観点からの分析を行う。具体的には、文章構造を把握するための最も有力な観点として考えられる社説の見出しの本文中における反復表現、叙述表現と主観修飾語、提題表現の3つの観点を用いることにする。そして、それらの観点を総合して、主題文になり得る条件を設定し、その認定に従って、文章中の主題文を把握し、その主題文の文章中

の出現位置の違いから韓日の新聞社説の文章のマクロ構造の特徴を述べる。これらの分析方法についての詳細は、3.3 節で述べることにする。

3.2 先行研究と本研究の位置づけ

第 2 章では、文章研究のための主要概念、分析観点などについて述べた。本節では、その主要概念と分析観点から実際に文章を対象として文章構造を把握した先行研究の実例を挙げる。また、それらの研究の分析方法における問題点について検討するとともに、本研究の立場について述べる。最後に、文章のマクロ構造の研究における本研究の研究課題を述べる。

3.2.1 先行研究と本研究の位置づけ

時枝誠記(1950)の提唱を受けて、「文法論的文章論」を体系化した永野(1986:79)は、「文法論的文章論は、究極において文章の構造の解明を目的とする」と指摘する。

　1.1 節では、文章構造を把握するための中心的な分析観点、即ち、「連接論」、「連鎖論」、「統括論」について概括した。ここでは、実際の文章を用いて、特定の言語における文章構造の特徴を述べた研究の分析方法の傾向を取り上げ、その分析方法の問題点について述べる。それに先立って、まず、文章構造の研究における用語の用い方について簡単に触れておくことにする。「文章構造」という用語は、研究者によって様々な用語で代用される。「文章構造」「文章構成」「文章展開」「文脈展開」などがそれである。例えば、同じく主題文(結論)の出現位置から文章構造を把握している研究であっても、研究者によっては違う用語を使用しているのである。「文章構造」と「文章構成」についての諸研究のとらえ方については、佐久間(1999)に詳しく言及されている。

　1.1 節で述べたように、日本語学における文章構造の研究の観点としては、「連接論」、「連鎖論」、「統括論」が挙げられる。実際の文章を対象に、その文章の文章構造を正確に把握するには、これらの観点を統合して分析す

る必要があるとされている(永野1972、1986)が、実際の文章を対象とした文章構造の研究の多くは、それらの観点のいずれかに着目している傾向が見られる。つまり、文の連接論・文の連鎖論・統括論のいずれかに着目している傾向が見られるのである。

　文章構造を把握するためには、「統括論」の立場から文章のマクロ構造を把握することももちろん必要であるが、文と文との相互関係(連接論)や文(あるいは段落)の全体的な流れ(配列論)といった文章のミクロ構造についての説明も必要である。また、「統括論」の立場から文章のマクロ構造を把握する立場においては、文章中の主題文や中心段を認定し、その主題文や中心段の文章中の出現位置から、日本語の文章構造の特徴が述べられている。しかし、現状においては、主題文を導き出す認定基準が課題となっている。

　これまでの傾向としては、「日本語の文章論の先行研究における構造分析では、主語や陳述の連鎖、反復表現や指示語、省略、連接・接続関係などをそれぞれ単独の項目として扱うものが大部分である」(立川1997:73)と指摘されるように、単独の分析観点を手がかりとした分析方法によって文章構造を把握する傾向が見られる。特に先行研究では、その手がかりとしている分析観点として叙述表現に着目した研究(伊藤1996、後藤1996、メイナード1997など)が見られるが、これは、叙述表現には書き手の表現意図が現れやすいためであろう。しかし、叙述表現だけでは書き手の表現意図が正確に把握できない。なぜなら、書き手の表現意図は、叙述表現のみならず、例えば、叙述表現を支える主観修飾語[1](主観を表す副詞や評価を表す連用修飾語)などに現れることも多いためである。次の例文から考えてみよう。

(1) 新進党の大会が23日<u>開かれる</u>。
(2) 서울시가 시내버스 개혁 종합대책을 <u>내놓았다</u>. (ソウル市が市内バス改革の総合対策を<u>持ち出した</u>。)
(3) この法案は憲法と自衛隊の運用とのかかわりで<u>重要な問題を含んでいる</u>。

（4） 한보정국에 밀려 큰 관심을 끌지는 못했으나 대법원은 그저께 매우 중요한 판결 하나를 내렸다.（韓寶政局に押され大きな関心を引くことはなかった、大法院は一昨日とても重要な判決を１つ下した。）
　　　（下線部の＿＿＿は叙述表現を、～～～は主観修飾語を表したものである）

　(1)～(4)の叙述表現の表現形式は、いわゆる「事実」を表すものである。しかし、例(1)と例(2)は、書き手の主観的な態度を表す表現が見られず、事実をありのままに客観的に述べている。これに対して、例(3)と例(4)は、叙述表現を支える修飾語に書き手の評価が加わることにより、書き手の気持ちや主観が現れている。例えば、(3)は法案について、「重要な問題を含んでいる」という表現で書き手の評価が示されている。そして(4)も「매우 중요한(とても重要な)」によって書き手の評価が表されていると判断できる。
　本研究では、このように、叙述表現は「事実」を表すが、叙述表現を支える修飾語に評価を表す主観修飾語が加わっていると判断されるものを「事実」と区別し、「意見」として分類して分析を行う。
　また、叙述表現に着目した先行研究の多くが、叙述表現の形式面のみを重視した分析方法をとる傾向が見られる（永野1986、後藤1996、メイナード1997など）。しかし、叙述表現の形式面のみからでは、書き手の表現意図を把握するのに不十分さが残る。次の例文から考えてみよう。

（5） パートナーシップを強め、固めていくことは、韓日にとって最も大切である。
（6） 過労死160人、過労自殺43人。02年度の労災認定件数である。

先行研究（永野1986、野村1990など）における分類では、下線部のように「～である」という叙述表現が使われている例(5)と例(6)[2]は、同じカテゴリーに分類される。しかし、例(5)と例(6)とでは、書き手の表現意図に違いが認められる。つまり、例(5)は、「最も大切」という評価を表す表現により書き手の意見が明確に述べられている。一方、例(6)は、書き手の意見

と見られる表現が見られず、事実が客観的に述べられている文である。この2つの文は区別して考える必要があるだろう。

また、「主題文」は、叙述表現や主観修飾語の観点のみからは正確に認定できない。なぜなら、例えば、同じ書き手の意見や主張を表す叙述表現の文であったとしても、統括力に強弱があると考えられるためである。主題との関連から考えると、主題に直接的な主張の叙述表現は主題文になりやすいが、主題に間接的な主張の叙述表現は主題文になりにくいと考えられる。ここで叙述表現に、文の主題、つまり、文の主語(本研究でいう提題表現)の観点を加えて主題文を認定する必要性が出てくるのである。

また逆に、提題表現の観点のみからでも、主題文の認定は困難であることが予測される。提題表現の観点からは、主に提題表現の形式面、つまり、「ハ」、「ガ」などの助詞の働きから文章における統括の強弱を測ったり、主語の本文中の反復の面から、より多く反復される主語が主題になりやすいという前提の下で、文章構造を述べたりする傾向が見られるが、同じ主題が現れている文であるとしても、叙述表現が単なる事実を述べる場合と、書き手の意見を述べる場合とでは、文章の統括力において強弱が認められる。そこで、提題表現の観点に叙述表現の観点を加える必要性が出てくる。なお、叙述表現と提題表現は文を構成する骨組みの役割を果たしているという指摘がある(寺村他編 1990)。

また、新聞社説の文章の場合は、韓日ともに見出しが付けられており、見出しの役割、つまり、「記事の最も的確で簡潔な要約で、読者に本文を理解してもらう「鍵」となるべきもの」(馬場・植条 1988:70)という性質から、見出しは文章における中核となる内容が述べられている可能性が高いと考えられる。また、『国語教育研究大辞典』(1988:595)には、「段落」の〈見出し〉の項で、「文章全体の表題(タイトル)や重要な内容を示す「キーワード(Key Word)」」との関連で文章における見出しの位置付けを明確にしていかねばなるまい。最近は、文章理解と見出しの効果について認知心理学の分野でも検討されつつある。文章論的にも、反復語句や主要語句・主語の連鎖関係等から見出しの実態をとらえることと、文章の意味構造の解明が期待され

る。」³と述べており、見出しが文章構造を把握する際の重要な要素となることを示唆している。そこで、主題文を認定するための言語指標として見出しの本文中の反復表現を調査する必要があると考えられる。

　以上から、文章のマクロ構造をより精緻に把握するには、単独の分析観点による分析より、複合的な分析観点による分析がより適していることが確認された。塩澤(1994:114)でも、「社説の文章構造の解明には、本稿で取り上げたような語句の反復関係も有力な手がかりになるが、しかしこれだけでは、文相互、あるいは段落(文段の意味)相互の論理的関係は押さえられないことを痛感する。(中略)反復表現をはじめいくつかの分析結果を総合し、それによって社説の構造、さらには文章一般の構造を解明する必要がある」と指摘している。

　本研究では、主題文を認定する際に重要な要素と考えられる見出しの本文中の反復表現、叙述表現と主観修飾語、提題表現の3つの観点を総合して主題文を認定することにする。これらの3つの観点が有効であると考えた理由は、多くの文章構造研究が、個別的ではあるが、これらの3つの観点を扱っていることが多いことによる。さらに、佐久間(1999)で挙げている文や段落の統括力を表す言語形式の中にこれらが含まれており、特にこの3項目が文章のマクロ構造を把握する際に有効であることが示唆されたためである。

　なお、本研究は、前述のように主張との関連から韓日の新聞社説の文章の特徴を把握することを目的としているが、本研究でいう「主張」とは、「書き手の表現意図、つまり、意見のことであり、ここでは、書き手の意見が明確に、もしくは暗示的に表される表現全般」を指す。新聞社説の文章は、意見を主張することを主な目的とする文章であるため、文章のどこかに必ずといって良いほど主張が現れる。

　卓(1997)では、新聞の文章〈韓国語：中央日報〉の中での報道文・コラム・社説を対象として、それぞれの文末表現の特色を探っている。その分析方法としては、文末表現を大きく、「①「た」系列、②「非た」系列、③「特殊」」に分けており、それぞれを下位分類している。結果、報道文の文末表現はコラムと社説に比べて、①「た」系列の比率が高く、コラムは報道

文、社説と比べると3種及びその下位項目の分布の比率が最もばらついていると指摘する。また、社説は3つのジャンルのうち、②「非た」系列が多く見られるとの結果を報告している。本研究でいう「主張(意見)」は、卓(1997)でいう②「非た」系列の中に含まれる。卓のこの結果は、文章のジャンルによっては書き手の表現意図の表し方に違いがあることを示したものであり、特に報道文の文章の特徴(①「た」系列の文末表現が多く出現する)と社説の文章の特徴(①「た」系列より②「非た」系列が多く出現する)から考えると、報道文が事実を報道することを中心とした性格の文章であるのに対し、社説は書き手の考えや主張を述べることを中心とした性格の文章であることが明確に分かる。

　さらに、井上(1997)は「主張」の型として次の4点を挙げている。

（1）　事実が存在するかどうかの主張：一定の事実がある(あった・あるだろう)かどうかを問題にする主張
（2）　判断や解釈についての主張：あることがらについての判断や解釈の真意を問題にする主張
（3）　価値についての主張：良いか悪いかという価値判断についての主張
（4）　行動や政策についての主張：われわれはこれこれの行動をすべきかどうか、または、これこれの政策が採択されるべきかどうかに関する主張

(井上 1997:108-122)

本研究では、主張の現れ方について、井上(1997)で指摘した「主張」の区分の仕方は特にしておらず、基本的に主張には主題に対する直接的な主張と、主題とは別に、それぞれの話題に対する主張、つまり、主題にとってみれば間接的な主張とが存在すると考える。ここでは、これらについて区別して考えることにする。つまり、提題表現の観点から統括力の強弱を測る観点である。提題表現の強弱を測るための方法としては、前述の見出しの反復表現と重なる部分が多い。なぜなら、提題表現の強弱を測るためには、文章全

体の文脈から把握することも必要であるが、見出しとの関連性をも考慮に入れる必要があると考えられるためである。

　文章の「マクロ構造」、即ち、文章の全体構造を研究している先行研究の多くが、文章において最大の統括力のある文、あるいは、段落(段)の出現傾向(「統括論」)から文章のマクロ構造を把握している。本研究は、韓日の文章のマクロ構造を把握するアプローチの方法として、先行研究と同じ立場に立つが、ここでは、特に、文章における最も統括力のある文、つまり、「主題文」に着目している。

　それでは、「主題文」を認定するには、どのような言語表現が手がかりとなるのだろうか。前述のように、佐久間(1999)は、文や段の統括力を示す言語形式を「文脈展開形態」と称し、文章の主要な文脈展開形態として、「a 接続表現　b 指示表現　c 反復表現　d 省略表現　e 提題表現　f 叙述表現」という6項目を挙げている。

　主題文を客観的に把握するには、これらの項目を統合して、精密に分析する必要があると考えられるが、先行研究の多くは、前述したように、これらの項目を個別に扱っている。また、特に、上記の6項目のうちの叙述表現に着目した研究が多い。なお、接続表現と指示表現に着目して、文章のマクロ構造を述べている研究はそれほど存在しない。その理由としては、市川(1978)と永野(1986)も指摘するように、接続表現と指示表現は、主に、「文との連接関係」を見る上で有効な言語指標であるため、文章のマクロ構造を見るための直接的な要素になりにくいためであろう。ここでは、主に、叙述表現、反復表現(省略表現を含む)、提題表現の観点に着目した諸研究について述べることにする。

　まず、日本語学的観点から叙述表現に着目し、実際の文章を用いて日本語の文章構造の特徴を述べる木戸(1992)、後藤(1996)、メイナード(1997)について概観する。

　木戸(1992)では、文単位で表される文章構造の要素として「文の機能」を設定している。木戸(1992:9)は、「機能」とは「意図の表現手段で、言語形式上の手がかりから判定できる要素である。」と述べ、その文の機能は、

「主張」、「評価」、「理由」、「根拠」、「解説」、「報告」に分類できるとしている。

その文の機能の詳細は、以下のようになっている。

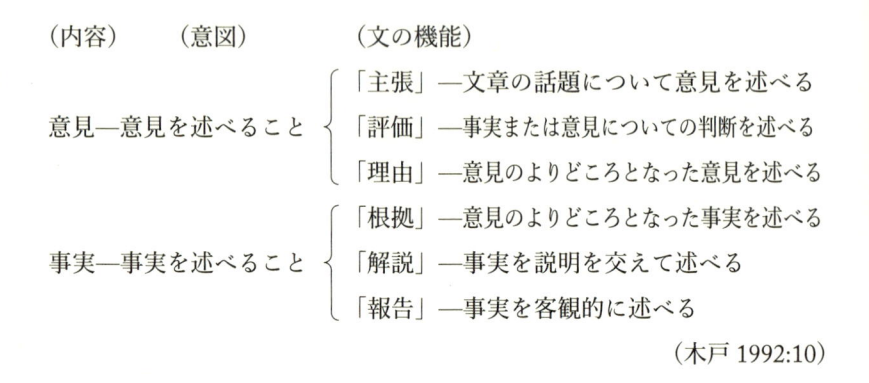

（内容）　　（意図）　　　　（文の機能）

意見—意見を述べること ｛ 「主張」—文章の話題について意見を述べる
　　　　　　　　　　　　「評価」—事実または意見についての判断を述べる
　　　　　　　　　　　　「理由」—意見のよりどころとなった意見を述べる

事実—事実を述べること ｛ 「根拠」—意見のよりどころとなった事実を述べる
　　　　　　　　　　　　「解説」—事実を説明を交えて述べる
　　　　　　　　　　　　「報告」—事実を客観的に述べる

（木戸 1992:10）

木戸(1992)は、これら6種の文の機能の中で、「主張」が文章全体を統括するという立場から、「主張」の文章中の位置により文章構造のあり方を判定している。その結果、日本語の新聞投書の文章構造の特徴として、「双括型」（「両括式」とも。本書のp.9参照）と「尾括型」（「尾括式」とも。本書のp.9参照）の文章が大部分を占め、「主張」が文章のおわりにくる文章構造の型が多いと指摘する。ただし、「主張」の統括機能には強弱があるため、文章構造の型を判定する際は、文章構造における文の機能の統括機能を相対的にとらえる必要があるとも述べている。

次に、後藤(1996)は、書き手の主張を表す新聞投書の文章を対象として、その文章の中で、「書き手の最も言いたいことを書き表した文」を「主題文」と呼び、主題文の文章中の出現位置から文章構造の統括類型を判定している。後藤(1996)は、「主題文の範型」として、「何ハ、何デアル」「何ハ、どうデアル」「何ハ、どうサレルベキデアル」を設けており、これらの働きとして「書き手の意思・判断」「他者への依頼・勧誘・同意を求めるもの」という2つを基本としている。そして、新聞投書の主題の叙述表現の基本になるものは、自分の主張と他者への働きかけであると指摘する。後藤(1996)

は、以上のように主題文の叙述表現の形態的特徴を明らかにした上で、主題文の本文中の出現位置から、日本語の投書の文章構造の特徴を述べている。それによると、日本語の新聞投書の文章構造の典型は、「尾括式」であると指摘する。この指摘は、日本語の場合、論理の筋道が整っている論説文においては、尾括式が多いとよくいわれているが、後藤(1996)の結論もこれらの主張を強く支持するものであると考えられる。

さらに、メイナード(1997)では、上述したように、「文の陳述」の方法を探るために、文の種類を「記述文(非コメント文)」と「意見文(コメント文)」の2種類に大別して、以下のように定義づけている。

　　記述文(非コメント文)—事件や状態記述が中心
　　意見文(コメント文)—筆者の意見を発表することが中心
　　　　　　　　　　　　　　　　　　　　　（メイナード 1997:131）

その中で「コメント文」の表現性から、コメント文を「特殊な文末形式をとるもの」と規定して、その表現形式を手がかりに、以下のように、文末形式を細分類している。

　　名詞述語文(のだ、ことだ、からだ、等)
　　執筆者自身の言語行動に触れる表現(と言える、と言いたい、等)
　　執筆者自身の感情、思考などに触れる表現(と思う、感じがする、て欲
　　　しい、等)
　　推量の助動詞(だろう、らしい、等)
　　執筆者自身の態度を示す文末表現(ではないだろうか、等)
　　　　　　　　　　　　　　　　　　　　　（メイナード 1997:134）

メイナード(1997)は、これらの「コメント文」の文章中の出現位置から日本語の新聞コラムの文章構造[4]を解明しようとしている。その結果、第一に、日本語の文章構造は、「結論を最後の方で出すことが好まれる」と述

べ、第二に、コメント文と非コメント文の分布に関して、「新聞コラム全体でも、また、段落のレベルでも、非コメント文からコメント文へという流れが多く見られた」と述べている。メイナードはさらに、日本語のこのような傾向(結論が表現単位の終わりに出てくる傾向)は、談話レベルに限った現象ではなく、文のレベル、段落のレベル、文章全体のレベルで陳述部分を最後に持ってくるという傾向があることを加えて述べている。この指摘は、少なくとも、文の構造の違いは、文章構造の違いに何らかの影響を与えていることを示唆したものであると考えられる。その他、叙述表現に着目し、実際の文章を用いて文章構造を論じている研究としては、野村(1990)、伊藤(1996)などがあるが、ここでは割愛することにする。

　また、樺島(1983)は、「文章の書き方の説明や表現のあり方」の項目の中に、「キーセンテンス」に相当する文末表現には「意見・感想を述べる表現」「引用・伝聞の表現」「婉曲表現」「仮説を述べる表現」「禁止の表現」「結論を述べる表現」「推測・予測の表現」「推量の表現」「提案の表現」「当然の表現」「判断の表現」「必要・義務の表現」「評価の表現」「問題提起の表現」「要望・期待・希望の表現」「例を示す」などがあると指摘している。樺島(1983)のこのような分類は、文末表現の表現形態を重視した分類であると考えられる。

　実際の文章を用いて日本語の文章構造の特徴を明らかにしようとした研究の多くは、上記の研究のような、叙述表現を指標とする傾向が強い。前述した通り、叙述表現には書き手の表現意図が現れやすいことによるものであろう。叙述表現に書き手の表現意図が現れやすいという点では、韓国語の文章も同様である。また、これらの研究の多くが叙述表現の言語形式面に着目している。しかし、叙述表現の形式面のみの観点からでは、書き手の表現意図の把握に不十分さが残る。形式を同じくする叙述表現においても、主観修飾語などの有無によって、書き手の表現意図が区別される可能性が予測されるためである。そこで、叙述表現の形式面に加えて、叙述表現を支える働きをする主観修飾語などを考慮に入れる、つまり、意味内容面からの分析の必要性が生じるのである。

次に、「反復表現」に着目して実際の文章における文章構造の特徴を述べている研究について概観することにする。ここで触れておきたいことは、「反復表現」(省略表現を含む)は、主に文章の連接関係や連鎖関係を把握するための指標として有効な言語形式である(池上1975、市川1978、馬場1986、永野1986、ハリデイ＆ハッサン1991など)性質上、反復表現のみで文章構造を把握するには困難が伴うことが予想される。それゆえだろうか、実際の文章を用いて反復表現の観点から文章構造を論じようとしている研究はそれほど存在しない。しかし、この反復表現が文章構造を把握するための重要な指標となりうるという点では異論がないはずである。ここでは、実際の文章を反復表現に着目して分析した結果、反復表現の観点が文章構造を把握するのに有効な観点であることを示唆した高崎(1986)、塩澤(1994)、立川(1997)らの研究について触れることにする。

高崎(1986)では、文章全体を貫く働きを持つ語句を見出すという目的で、「反復」という機能を持つ語句に焦点を当てている。その反復現象としては、「同一語句の反復」「関連語句群の形成」「指示語＋枠組みを示す語句[5]」があるとして、これらの反復は、「文章全体にわたって現れるばかりではなく、文章内部のいろいろな段階にも、きわめて頻繁に登場している」(p.56)と指摘する。また、「直接、文章全体を貫くものと関わりを持たぬ細部においても、これら3種の語句の力が働いている。文章内部における種々の段階で、いろいろな形で反復を重ね、その細部のつみ重ねである全体に、同一原理ではないが、規模の大きい投網がかけられて文章全体を貫き支える意味的構造となりえているものと考えられる。それは、(中略)語句による反復という働きが、文章に継続性・同質性をもたらし、文章にまとまりを与える上できわめて重要な貢献をなしていることの現れであると思われるのである」(p.56)と指摘する。また、塩澤(1994)は、言語形式として語句の反復表現を手がかりにし、社説の構造を解明しようとしている。そこでは、文章中の反復表現を調査し、細部にわたる話題の流れを辿り、話題の展開の様相を把握した上で、反復表現が社説の構造を解明するのに重要な手がかりとなることを指摘する。

さらに、立川(1997)では、「説明文」を対象に、その「マクロ構造」を論じているが、立川(1997:74)は「『中核文』[6]を認定して段落構成を検討することは、マクロ構造理解の有効な手段であり、また、そういった方法論を国語教育に応用することは重要である」とした上で、その中核文を認定するための指標の1つとして、「反復表現」を用いている。その結果、反復表現と中核文との関係について、次のように結論付けている。

1　説明文においては、話題として(全体に)「同一反復語句系列」が存在するが、これは中核文をめぐる文章構造の分析には直接関連することは少ない。同一反復表現は中核文をめぐる文章構造との関係において意味論的観点を加えて検討する必要がある。
2　文集団の内容の統括は、叙述表現にあたる「関連反復語句系列」にある。またこの反復系列のクラスターは複数見られることもあり、相互の反復系列のクラスターが論理的な関係を成すことが多く、中核文認定の際には考慮に入れるべき項目である。
3　説明文の中心的な役割は新情報の伝達であることから、一般の読み手にとっての未知の反復表現は文章の意味内容の結束や展開、結合を見るうえで有効な手がかりとなり得る。

(立川 1997:108)

　立川(1997)のこのような指摘、特に、2、3の指摘は、文章構造を考える上での反復表現の役割の重要性を示唆したものである。また、立川(1997)の指摘1は、いうならば、反復表現のみでは文章構造が把握しにくいため、他の観点を加える必要があることを意味するものであろう。実際に、立川(1997)では、他の観点として、提題表現と叙述表現の観点を取り入れて意味面の分析を加えている。立川(1997)のこのような立場は、本研究と共通点が多い。ただし、本研究との違いは、立川(1997)では、主に段の概念を中心に「中核文」を認定しようとしているが、本研究は文章全体を中心に「主題文」を認定しようとしている点である。また、叙述表現などの意味面

の分析においても着目点に違いが見られる。例えば、本研究では、意味面の考察において、叙述表現に主観修飾語の観点を考慮に入れて分析しているが、立川(1997)では、ヲ・ガ・ニ格の観点を取り入れている点である。

次に、提題表現に着目して実際の文章における文章構造の特徴を述べている研究について見てみよう。それに先立って、ここでは「提題表現」の基本概念について、簡単にまとめておきたい。提題表現については、三上(1975)、永野(1986)、佐久間(1987)などによる研究が見られるが、三上(1975)が「ハ」を中心に主語を考えている反面、永野は、「ガ」を含めた広い範囲で主語をとらえている。さらに、佐久間(1987)は、永野の「ハ」「ガ」の「主語」のとらえ方ではなく、「ニツイテハ」「トイエバ」「トキタラ」のような、文の主題よりも広い範囲の話題を表す言語形式を「提題表現の統括」という点から注目する必要を主張している。

このように提題表現のとらえ方については、研究者によって見解の隔たりが見られるが、提題表現が文章の特徴を把握するための重要な要素であるとした面では共通しているといえよう。ただし、この提題表現は、前述のように、主に連鎖関係を把握するのに有効な観点であるため、実際の文章のマクロ構造分析に提題表現のみに着目した研究は少ない。ここでは、提題表現と文章構造の関係について述べる立川(1997)について、触れておくことにする。

立川(1997)では、「提題表現」は文章構造を考える際に、重要な手がかりになるとした上で、上記で挙げた三上や永野の「ハ」あるいは「ガ」などの形式的要素を根拠とした提題表現の抜出には問題があると指摘している。また、「各文の提題表現を取り出して連鎖をたどることによる文段認定は確実な手法ではあるが、提題表現の含まれない文型については、前後の文脈から題述内容を取り出して他の文の提題表現との関係を見て決定する必要があるなど、極めて緻密な作業が伴ったもの」(p.110)であると述べている。また、「中核文認定をめぐる提題表現に関しては、反復(省略)との関連を中心にみていく方法のほうが実際的な手法だ」(p.110)としている。

本研究も、立川(1997)の立場、つまり、「中核文」(本研究では「主題文」)

認定をめぐる提題表現に関して、反復表現の観点を取り入れた分析が必要であるとの立場をとるが、立川(1997)の研究との違いは、立川(1997)は本文中の反復表現を対象としているが、本研究では見出しの役割の重要性から見出しの本文中の反復表現に着目している点である。

　以上見てきたように、近年、日本語の文章の特徴を明らかにすべく、日本語学的観点から日本語の文章のマクロ構造の特徴を論じるようになってきた。しかし、実際の文章を用いて日本語の文章のマクロ構造の特徴を解明する研究の数はまだ少ない。また、文章構造を把握するための方法としても、上述の永野、市川、佐久間の文章のとらえ方が用いられてはいるが、その分析方法として単独の分析観点によるものが多く、複合的な観点から文章構造を解明しようとする姿勢に欠けるものが多い。文章構造研究の方法論において、課題はまだ残されているといえよう。また、文章構造研究は対照言語学にも応用できると考えられるが、このような研究は緒についたばかりの現状であるといえよう。

　本章では、今後の研究の前提として、幾つかの観点から文章構造を把握し、韓日の文章のマクロ構造を対照することにする。本研究では、文章のマクロ構造を解明する方法として、前述の通り、見出しの文章における働き、つまり、「記事の最も的確で簡潔な要約で、読者に本文を理解してもらう「鍵」となるべきもの」(馬場・植条 1988:70)である見出しが本文理解の際に果たす役割を重視する。そして、見出しの機能を言語形式上の手がかりから、「話題提示」「主張表明」「その他」の3種類に分類し、その機能に基づいて、本文における見出しの反復を調査している。この見出しの本文中の反復表現という観点に、さらに文を構成する際に骨組みの役割をするとされる「提題表現」と「叙述表現(ここでは意味面を重視して主観修飾語の観点を加えて)」の観点をも加えて、「主題文」、つまり、書き手の主張が最もよく表されている文を認定し、その主題文の本文中の出現位置の違いにより文章構造類型を把握する。本研究での分析方法の詳細については、次節で述べることにする。

3.2.2 研究課題

3.2.1 節では、本研究に関連する文章のマクロ構造の先行研究と本研究の位置づけについて述べた。本研究では、それを踏まえ、以下の3つの研究課題を設定した。

研究課題1：「文章のマクロ構造」を把握するための重要な要素である「主題文」は、どのような観点から認定すると、有効であるか。（方法論研究）
研究課題2：韓日両言語には、社説の文章のマクロ構造にどのようなパターンの違いが見られるか。（対照研究）
研究課題3：韓日の新聞社説の文章の「主題文」には、どのような表現類型が見られるか。

3.3　本研究における分析方法（主題文の認定方法）

本研究では、3.2.1 節で述べた文章構造の分析方法における問題と 3.2.2 節で述べた研究課題を念頭において、書き手の主張が明確に述べられる特徴を持つ新聞社説を取り上げ、韓日両言語の文章のマクロ構造の共通点と相違点を探ることにする。本研究では、「主題文」の文章中の出現位置により文章のマクロ構造を把握する。「主題」とは、本文中で最も中心的な考えを表すもののことであるが、その「主題」が表されている文を「主題文」という。主題文を把握する方法としては、様々な方法が考えられるが、本研究では、(1)見出しの本文中の反復表現、(2)叙述表現と主観修飾語、(3)提題表現の3つの観点から、主題文を認定する。以下、順に見ていくことにする。

3.3.1　見出しの本文中の反復表現

本研究では、見出しの本文中における反復表現に注目する。『日本語百科大事典』(1988)[7]においては、新聞の見出しの項目で、見出しと呼ばれるものは、大きく2つのジャンルに分類できるとしている。その1つに、「例

えば、「見出し」ということば自体の語義を辞典で調べてみたい場合には、五十音順「ま」行の「み」にある索引語の中から「みだし(見出し)」という索引語を探し出すことになる。この索引のことを「見出し」または「見出し語」と呼ぶ。カードや書類のインデックス、件名別の分類などもこの中に入る。」があるとしており、もう一方では、「新聞・放送、週刊誌などが、小説・論評その他の署名ものなどを除いて、いわゆるニュース記事的なものにその記事内容を短く要約した形でつける「見出し」がある」(『日本語百科大事典』1988:820–821)としているが、本研究で扱う「見出し」とは後者に属するものである。

さらに、『国語教育研究大辞典』(1988:755)では、「題名」を「読み手を文章に接近させるとともに、読み進めるとき読みとった事柄を、主題把握の方向にそって組織し、読みの営みを促進する働きを持つ」と定義している。つまり、「見出し」と「題名」には、その働きにおいて一定の共通点があるといえる。ただし、文学作品などの「題名」と新聞社説の「見出し」とでは、またその働きにおいて相違点もある。本研究では、新聞においては、一般的に「題名」より「見出し」という用語で呼ばれることが多いことから、以下、「見出し」という用語を用いることにする。

『日本語百科大事典』(1988)[8]の「新聞とことば」の章には、見出しの歴史的な変遷や見出しのデザイン、種類などについての記述がある。その中に「マス・メディアで用いる見出しの効用と重要性」について論じたものがあるが、次の5つの点が挙げられている。

①選択性　②誘引性　③代行性　④要約性　⑤暗示性
(『日本語百科大事典』1988:823–826)

本研究で、見出しと主題文との関係を考察するに当たって、「見出し」が「主題文」と一致した場合は、見出しが「要約性」が強い場合であるし、一致しない場合は、見出しの「誘引性」が強く影響した場合と考えられる。

この見出しの文章における働きについて、『国語教育研究大辞典』

(1988:755)[9] では、「見出しは、読み手の文章内容への接近をいざない、その理解を促進することを意図して、文章につけられる、短語句や短文である」とし、また、馬場・植条(1988:70)では、「そもそも見出しとは、記事の最も的確で簡潔な要約で、読者に本文を理解してもらう「鍵」となるべきものだ」と述べ、文章を理解するのに見出しは非常に重要な働きをしていると指摘している。

　このような見出しの役割を重視し、本研究では、文章構造の解明において、見出しを大きな手がかりとしている。今回取り扱う新聞の社説については、見出しはその社説の書き手自身が直接付けていることも確認している[10]。即ち、新聞の社説の見出しは、筆者の意図する内容とほとんどずれが生じないもので、本文の内容と密接な関係にあると考えられる。

　本研究は「見出し」の本文における「反復」を調査し、新聞社説の文章の文章構造の解明を試みる。ここで、反復表現の働きについての先行研究は、どのようなものがあるかを概観する。まず、市川(1978:80)は「前後の文脈を関係づけている同一語句、同義・類義の語句を一括して、「繰り返し語句」」と呼んでいる。しかし、付属語・補助用言・形式名詞・接続詞・感動詞は、「繰り返し語句」に含めないとしている。また、「繰り返し語句」の使われ方には、質的な相違があるとして、

（1）　受け継ぎ——前出の語句を直接的に受けとめて繰り返す場合。隣り合った文に多く見られる。典型的なのは、いわゆる「しりとり」形式の反復である。
（2）　重出——その場その場で個々に繰り返す場合。単なる反復ともいうべきもので、隣り合った文に現れることもあれば、かけ離れたところに現れることもある。
（3）　照応——相当離れた場所で、前出の語句を引き合いに出す場合。

(市川 1978:85)

上記のような「受け継ぎ」「重出」「照応」の3つに分類している。また、市

川(1978:86)は「「繰り返し語句」は、文章読解の重要な手がかりを与えるものとして、キイワード、中心語句、重要語句などと呼ばれることがある。」とし、「「繰り返し語句」群の近似・変動の把握は、段落を区分したり、あるいは幾つかをひとまとめにしたりする場合の、重要な目印となる。」と指摘している。

　また、永野(1986:296)では、「文章における語の役割と主要語句の連鎖」という項目で、「主要語句ないし主要語句の連鎖は、文章構造の解明のための観点であるから、全体における関連が問題なのである。従って、主要語句は反覆を必要とするもので、意味内容の拡張、振幅、類語との置き換え、反対語との対比・対照、関連語との連繋などの観点が必要である。」としている。永野(1986:295-296)の「主要語句」とは、「文章の主題やモチーフにかかわりの深い、いわば中核となる語句が、文章の叙述の中でくり返して用いられたり、その類義語や対義語が提示されたりして文脈を支えている連鎖の全体を文章構造の骨格としてとらえたもの」であるとしている。ここでいう文章の主題とは、意味的には文章で最も言いたいもので、本研究で扱う主題と一致しているが、ここでの「主題」とは「見出し」との関連からではなく、文章の文脈から見た主題を指している。つまり、永野(1986)と本研究とでは反復表現による「主題」の見つけ方が異なるといえる。

　また、高崎(1990:47)は、市川(1978)と永野(1986)の「繰り返し語句」「主要語句の連鎖」を「反復表現」と称し、「ある語句が一つの文章の中で、同一語句や関連語句によって頻繁に反復表現として現れる場合、それらの語句は文章中の重要な役割を果たすことが多い。」と明記している。

　しかし、これらの研究においては、文章の中でよく出てくる語句、つまり、文章中の反復表現が文章を理解するのに重要な役割を果たすことを述べているものが大部分を占め、本文を理解する鍵とでもいうべき「見出し」と「本文中のその反復」との関係に着目したものではない[11]。

　本研究では、見出しが文章構造を解明するのに大きな役割を果たすと思われることから、「見出し」の文章中における「反復」を分析する。また、高崎(1990)の用語を参考に、「見出しの語句が一つの文章の中で、同一語句や

関連語句によって繰り返し表現されるもの」を「見出しの反復表現」と呼ぶことにする。その際、永野(1986)も指摘するように、「中核となる単語に修飾語のついたものや、主語述語の結びつきとか、助詞助動詞を伴ったものなどを含めて、複数の語の組み合わせとして取り上げる必要が多い」ことから、見出しの反復を「語」という小さい単位に限らず、より大きい単位としての「語句」を対象に分析を行う。また、本研究では、見出しの形態と意味から見出しの機能を分類することができると考えているが、「見出し」の分類として『国語教育研究大辞典』(1988:755)の「文章表現」の項の解説では、「題名のつけ方」を次の6つに分類している。

（1） 主題や述べようとする中心的問題を表すもの
（2） 話題を表す
（3） 内容を要約的に表すもの
（4） 時・所・人物・出来事のきっかけを表すもの
（5） 主題を暗示的、象徴的に表すもの
（6） 読み手への呼びかけを表すもの

(『国語教育研究大辞典』1988:755)

本研究では、先行研究に従い、見出しの機能を大きく、①「主張表明」、②「話題提示」、③「その他」に3分する。これは、佐久間(1993、1995)を参考にした分類である。佐久間(1995)は、統括機能の種類によって、「中心文」の種類を「話題文」〈話題提示、課題導入、情報出典、場面設定、意図提示〉、「結論文」〈結論表明、問題提起、提案要望、意見主張、評価批評、解答説明〉、「概要文」〈概略要約、主題引用〉、「その他」〈前提設定、補足追加、承前起後、展開予告〉のように分類しているが、本研究では、そのうちの代表的なもの(話題提示・主張表明)を見出しの主な機能として選んだ。なお、明確に「話題提示」と「主張表明」とに分類しにくい場合も存在する。本研究では、その場合の見出しの機能を「その他」として区分した。

「主張表明」とは、取り上げられた事柄に対しての書き手の意見が明確に

出ているもの、と定義される。上記の『国語教育研究辞典』の分類の(1)(3)(6)に相当するものである。

　また、「話題提示」とは、取り上げられた事柄に対しての書き手の意見が明確には出ていないもので、これから述べる事柄に対する事実を述べたもの、と定義される。上記の(2)(4)を話題提示に分類する。(5)については、社説というジャンルの性格上、あまり見られない表現であるため、今回の分類では省くことにする。また、(6)には読み手だけではなく、ある特定の人物、ものに対しての呼びかけの場合も含むことにする。

　ここで、本研究における見出しの機能、つまり、「主張表明」「話題提示」「その他」についての定義と具体例を次に挙げる。

（１）「主張表明」……取り上げられた事柄に対する書き手の意見が明確に示されているもの。
　　　　　　　　　　（例：①「破たん踏まえ抜本改革を」、②「知的財産計画　政府も攻めの姿勢を示せ」、③「法科大学院　これでは司法改革が危ない?」、④「관광산업 발상전환을(観光産業(に)発想転換を)」、⑤「眞實 털어놓고 國政으로 돌아가라(真実を明かして国政に専念せよ)」）

（２）「話題提示」……取り上げられた事柄に対する書き手の意見が明確には示されていないもので、これから述べる事柄についての事実を述べたもの。
　　　　　　　　　　（例：①「『米中』と日本のいま」、②「黄長燁씨와 미국(黄長燁と米国)」、③「6.25, 그때 그날과 우리의 오늘(6.25、その当時と我々の今日)」）

（３）「その他」………見出しの機能が「主張表明」にも「話題提示」にもなり得る場合。
　　　　　　　　　　（例：「エビアンG8『開かれたサミット』の胎動」、「改革の焦点はどこなのか」、「軍事大國　日本에 대

한 전략은 뭔가」(「軍事大国　日本の対応戦略は何か」)、「'노동부노조' 다음엔 軍・警 노조인가」(「「労働部労組」の次は軍・警労組か」)）

なお、ここで、韓日両言語の社説の見出しの形式的な特徴について触れておきたい。まず、日本語の社説では、書き手の表現意図の表し方において、文末表現の観点から見ると、a.「完全文」(「～たどるな」、「～続けよう」など)のような禁止表現、希望表現、あるいは当為表現などによるものと、b.不完全文(「～具体策を」「～導入してみては」など)のようなものとが存在する。特に日本語の見出しの付け方の1つの特徴として後者の不完全文が多いことが挙げられる。次に、韓国語の社説では、書き手の表現意図を表す役割をする文末表現の傾向を見ると、日本語に比べて、含蓄性に富む反語による文末表現が多く見られる(例：「은행 전산 시스템까지 세우겠다니(銀行の電算システムまで中断するとは)」「例：철도 구조개혁, 이것도 改革이냐(鉄道構造改革、これも改革か)」など)。さらに日本語の新聞社説にはそれほど存在しない「話題提示」の見出しも多く見られる(例：「11만 국민이 市廳앞에 모인 뜻」(11万国民が市庁前に集まった意味)、「例：KBS 사장의 兵役에 대한 두 잣대」(KBS社長の兵役に対する2つの基準))。これらの多くは名詞止めのものである。

　本研究では、以上見てきたように、見出しが文章構造を解明するのに大きな役割を果たすという観点から、「見出し」の文章における「反復表現」を調べたが、以下に見出しの本文中における反復表現という観点からの分析例を、(文章例3-1)～(文章例3-4)に示す。(文章例3-1)と(文章例3-2)は日本語の文章例で、(文章例3-1)は見出しの機能が「主張表明」の場合の文章であり、(文章例3-2)は見出しの機能が「その他」の場合の文章である。また、(文章例3-3)と(文章例3-4)は韓国語の文章例で、(文章例3-3)は見出しの機能が「主張表明」の場合の文章であり、(文章例3-4)は見出しの機能が「話題提示」の場合の文章である。なお、下線部は見出しの本文中の反復表現を示したものであるが、下線部＿＿＿は提題表現に関わる語句、＿＿＿

は叙述表現に関わる語句である。

(文章例 3-1)
「イランの核　北朝鮮の誤った道をたどるな」

(日本語の新聞社説、『毎日新聞』2003.06.21 朝刊)

I　I　1　イランの核開発疑惑を討議していた国際原子力機関(IAEA)理事会は19日、核査察の追加議定書を「即時かつ無条件」で締結するなど4項目をイランに求める議長総括を発表して閉幕した。
　　2　イランでは昨年夏、ひそかに核兵器開発を進めている疑惑が起きた。
　　3　いずれも国外の反体制派の指摘で初めてわかったものだ。
　　4　エルバラダイIAEA事務局長が理事会に提出した報告も、91年に中国からウラン鉱石1.8トンを無申告で輸入したり、疑惑施設の調査標本採取を拒否したなどの具体的事実を明記している。
　II　5　議長総括はこれらを「核物質、施設、活動に関するおびただしい怠慢」と指摘した。
　　6　保障措置協定「違反」と即断するのを控えたのはイランが「完全な透明性を保障する」と約束したことに配慮した結果だろうが、これで批判を免れたなどと思っては困る。
　　7　言葉だけでなく、行動で厳しい是正措置を求められたのは当然だ。
　III　8　北朝鮮に続くイランの核開発疑惑は、北東アジアから中東に至る一帯の平和と安定に重大な懸念をもたらすばかりではない。
II　9　IAEAは国際社会に代わって核拡散を阻止するために設けられた。
　　10　イランはその理事国でもある。
　　11　世界の不拡散体制に対する責任が通常の加盟国よりもはるかに重いことを自覚すべきだ。
　IV 12　核拡散の動きが世界に広がる中で、現行の保障措置協定の欠陥を埋めるために、97年から24時間の通告で未申告施設にも抜き打

ち査察を認める追加議定書が設けられた。
13 だが、議定書の調印国はまだ72カ国にすぎず、発効したのは日本など32カ国にとどまっているのが現状だ。
Ⅴ 14 議長総括は、追加議定書の締結に加えて、▽必要なあらゆる施設の査察▽疑惑解消までナタンツのウラン濃縮施設に核物質を搬入しない▽未申告で濃縮実験を行った疑惑が指摘されたカライ電力会社(テヘラン)周辺の環境調査標本採取を認める——の4項目をイランに求めている。
Ⅵ 15 イランが主張するように「平和的核利用」に限定された行動であるならば、これらを履行する上で何ら問題はないはずだ。
16 直ちに行動に移して、世界の疑念を一刻も早く解消してほしい。
Ⅲ Ⅶ 17 フセイン・イラク体制崩壊後、国内で民主化デモが続くなど米国との関係をめぐってイランにも複雑な変化が起きているのは事実のようだ。
18 北朝鮮とイランの水面下の接触も関心を集めている。
Ⅷ 19 だが、核兵器を保有して国家の安全を図るような方向が国際社会の共感を得られないことは、北朝鮮の例が示す通りだ。
20 日本との関係も悪化するに違いない。
Ⅸ 21 IAEAでの疑惑追及は、かつて90年代初めに北朝鮮がたどった道を改めて想起させる。
22 イランには誤った道に進まない決意を明確に世界に示してもらいたい。
23 それは北朝鮮が理性を取り戻して、国際社会の責任ある一員となる助けにもなるはずだ。
Ⅹ 24 そのためにも、イランの責任ある対応を求めたい。
(*①ローマ字の文字囲は文章の3区分(前・中・後)、ローマ字は形式段落、算用数字は文数を表したものである。
②文章内の＿＿や＿＿は、見出しの反復表現を示す。以下、同様。)

（文章例3-1）は、見出しの機能が「主張表明」の場合の日本語の新聞社説である。

「主張表明」の機能を持つ見出しの場合は、書き手自身がいいたいことを要約する形で見出しにしているため、見出しだけでも書き手が何をいいたいかが分かることが多い。（文章例3-1）について見ると、見出しが「イランの核　北朝鮮の誤った道をたどるな」となっており、書き手の明確な主張が見出しにはっきりと表明されている。

見出しの反復という観点から見ると、見出しの「イランの核　北朝鮮の誤った道をたどるな」が、文1～24のうち、文21で「IAEAでの疑惑追及は、かつて90年代初めに北朝鮮がたどった道を改めて想起させる。」という表現と、文22の「イランには誤った道に進まない決意を明確に世界に示してもらいたい。」という表現で反復されている。つまり、この文21と文22の2文が主題文になる可能性が高いといえよう。さらに、文23の「それは北朝鮮が理性を取り戻して、国際社会の責任ある一員となる助けにもなるはずだ。」という表現と、文24の「そのためにも、イランの責任ある対応を求めたい。」という表現で、文21と文22に渡る見出しの反復による主張を強く支持していると考えられる。

次に、見出しの機能が「その他」の場合の日本語の社説の文章例を示す。

（文章例3-2）
「エビアンG8　『開かれたサミット』の胎動」

（日本語の新聞社説、『毎日新聞』2003.06.04 朝刊）

I　I　1　仏エビアンで開かれていた主要国首脳会議（サミット）の際立った特徴は「ブッシュ氏の影がサミット全体を覆った」という事実である。

2　この3日間エビアンで首脳たちの行動と記者会見を分析したうえでの結論である。

3　ブッシュ米大統領は会議2日目の6月2日午後には各首脳とレス

トランのシェフたちに見送られて中東にたった。
4 会議場のホテルロワイヤルは主役を失った劇場になった。
5 29年目に入った<u>サミット劇場</u>は「一極支配」と「ユニラテラリズム(単独行動主義)」、その一方では「多国間主義」というセリフが飛び交ったものだ。

II 6 イラク戦争の大いなる勝者は<u>このサミット</u>でも勝者になったのだろうか。
7 勝者ではないが「長者」としての貫録は示したかもしれない。
8 ブッシュ大統領はエイズ対策などに5年間で150億ドルという拠出を宣言したからだ。
9 各国首脳の記者会見では「あなたの国はどれだけ出すのか」という質問が相次ぎ首脳たちを困らせたほどである。

[II] 10 確かにNGO(非政府組織)の最大の関心はエイズ撲滅のための資金協力の多寡だったのだ。

III 11 シラク仏大統領のホストとしての忍耐強い差配には握手一つにも注目が集まったのは当然だろう。
12 議長総括でも<u>このサミット</u>の鼎(かなえ)の軽重を問われるとされたイラクの戦後復興問題がすべて先送りされたことはシラク氏の最大の対米配慮だったはずだ。

IV 13 久しぶりに「経済討議が多くランブイエに戻った感じだ」とサミット10回目というカナダのクレティエン首相が総括した。
14 それでもシラク大統領はホストとしての最終の会見で「米国のイラクに対する軍事行動は認められない。これはブッシュ大統領に昨日言った」と意地を示した。

V 15 しかしシラク氏の経済政策論議の思惑は為替など短期的な問題ではない。
16 経済学者ケネス・ボールディングのいう「宇宙船地球号」をどう運航していくのか。
17 それこそが<u>サミット</u>が第一義的な課題として議論しようとしたこ

とである。

18 企業不正会計やスキャンダルに対して「責任ある市場経済」宣言を出し、健全なコーポレート・ガバナンス(企業統治)と企業の社会的責任を促したのもシラク色を出そうとしたものだ。

Ⅲ 19 「これはサミットでは初めて」とシラク氏は自慢したものだ。

20 アフリカ支援の一環として「水アクセス」問題をメーンテーマに据えたのもその延長線上にある。

Ⅵ 21 小泉純一郎首相は3度目のサミット出席になった。

22 北朝鮮の拉致問題をサマリーに書き込ませることに成功したが、終了後首相は「拉致と核開発は同列だと主張して、各首脳の共感を得た」と語った。

Ⅶ 23 このサミットでは13の新興国・途上国の首脳が主要8カ国(G8)首脳と話し合う場が生まれ「拡大対話」という新たなキーワードが生まれた。

24 中国、インドなどの参加はサミットの新しいかたちへの挑戦を感じさせる。

25 シラク大統領が力を入れる「開かれたサミット」が時代の潮流になり得るのか。

26 来年はブッシュ氏の米国が舞台になる。

(文章例3-2)は、見出しの機能が「その他」の場合の日本語の社説の文章例である。(文章例3-2)の文章の場合、見出しの一部である「エビアンG8」に関連する語句は、文1、2、23に反復されており、見出しの一部である「『開かれたサミット』の胎動」に関連する語句は、文1、5、6、12、17、19、21、23、24、25に反復されている。特に、見出しの「エビアンG8『開かれたサミット』の胎動」に関連する語句がより多く反復されている文は、文23であると思われる。また、全26の文のうち、「開かれたサミット」という見出しの語句は、文25に初めて登場する。

以上見てきたように、(文章例3-2)では、見出しの語句が多くの文に反復

されてはいるものの、その見出しに、書き手の明確な主張が現れていない分、主題文の認定に困難が生じる。つまり、このことは、見出しの反復表現の観点のみからでは、主題文の認定に困難があることを意味している。

次に、見出しの本文中の反復表現を韓国語の社説の文章例から見てみたい。

(文章例 3-3)
■<u>기업의욕 살리기가 먼저다</u>(<u>企業意欲の取り戻しが先だ</u>)
(韓国の新聞社説、『東亜日報』1997.04.03 朝刊)

Ⅰ　Ⅰ　1　경제난을 극복하기 위해 여야 지도자들이 합심 노력키로 한 것은 당연하다.
(経済難を克服するため、与野党指導者達が合意努力しようとしたのは、当然だ。)
2　문제는 어떠한 회생방안을 내놓느냐가 중요하다.
(問題は、どのような回生方案を持ち出すかが重要だ。)
3　과거에도 우리는 극심한 경제난을 겪었지만 그때마다 외부환경 호전으로 위기를 극복했다.
(過去にも我々は深刻な経済難を経験したが、そのときごとに外部環境の好転で危機を克服した。)
4　그러나 오늘의 경제위기는 요행을 바랄 수 없을만큼 구조적이다.
(しかし、今日の経済危機は、僥倖を狙えないほど構造的だ。)
5　우리 스스로 돌파구를 찾는 길밖에 없다.
(我々自ら突破口を探すしか道がない。)
6　<u>기업의욕을 되살리고</u> 국민 모두가 「하면된다」는 자신감을 갖도록 하는 게 <u>최우선과제다</u>.
(<u>企業意欲を取り戻して</u>国民みなが「なせばできる」という自信を持つようにするのが<u>最優先課題である</u>。)

7　정부와 정치권의 경제회생책 우선순위도 여기에 두어야 한다.
　　　　（政府と政界の経済回生策における優先順位もここに置くべきだ。）
Ⅱ　8　경제가 구조적으로 어려운 건 사실이다.
　　　　（経済が構造的な問題を抱えているのは事実である。）
　　　9　여기에 기업들의 의욕상실까지 겹쳐 무기력 증후군이 확산되고 있다.
　　　　（それに企業の意欲喪失まで重なり無気力症候群が拡散されている。）
　　　10　기업인들이 의욕을 잃으면 투자가 살아날 턱이 없다.
　　　　（企業人たちが意欲を失えば、投資が生きてくるわけがない。）
[Ⅱ]　11　통상산업부 조사결과 2백대 주요기업의 올해 설비투자는 작년보다 2.1%줄어 4년만에 처음 마이너스로 돌아설 것으로 예상된다.
　　　　（通商産業部の調査の結果、約200の主要企業の今年の設備投資は、昨年より2.1%減り、4年ぶりにマイナスに戻るだろうと予想される。）
　　　12　반면 해외투자는 두배이상 늘어 산업공동화(空洞化)가 가속화 할 전망이다.
　　　　（反面、海外投資は、2倍以上増え、産業空洞化が加速化する見込みである。）
　　　13　투자가 살아나야 수출부진 외채난 실업증가도 해소할 수 있다.
　　　　（投資が生きて来てこそ、輸出不振外債難失業増加も解消できる。）
　　　14　기업들이 자기나라에서 기업하기 힘들대서야 경쟁력을 기대하기는 어려운 일이다.
　　　　（企業が自国で起業することが難しいといったら、経済力を期待することは難しいことである。）
Ⅲ　15　기업의욕을 살리려면 기업인이 신나도록 해야 한다.
　　　　（企業意欲を取り戻すには企業人を楽しくさせなければならない。）
　　　16　우선 정부는 일관성있고 예측 가능한 정책으로 신뢰성을 갖추는 게 시급하다.
　　　　（まず政府は一貫性を持ち、先の見える政策で信頼性を取りそろえるのが急務だ。）

17 한보부도 이후 정부와 은행은 연쇄부도를 막기 위해 충분하게 자금을 풀겠다고 약속했지만 자금난은 더 심해졌다.
(韓寶不渡り以降、政府と銀行は、連鎖不渡りを防ぐため、充分に資金を出すと約束したが、資金難はさらに悪化した。)

18 기업활동의 발목을 잡는 일도 사라져야 한다.
(企業活動の足を引っ張るようなこともなくすべきだ。)

19 정부 당국자는 입만 열면 규제완화지만 <u>기업</u>들은 규제더미 속에서 <u>의욕을 잃고 있다</u>.
(政府当局者は毎回規制緩和をいうが、<u>企業</u>は規制まみれで<u>意欲を失っている</u>。)

20 사정이 훨씬 나은 선진국들도 온갖 혜택을 주며 투자유치에 심혈을 기울이는 터에 우리 주변에선 「기업하기가 갈수록 힘들다」는 소리만 높아지고 있다.
(事情がもっと良い先進国も、様々な援助を与えて投資の拡大に精魂を注ぐなかで、私たちの周辺では「企業運営が歳月が経てば経つほど難しくなる」という声ばかり高まっている。)

Ⅲ Ⅳ 21 <u>기업과 근로자 모두</u> 다시 허리띠를 졸라매는 용기가 필요하다.
(<u>企業と勤労者のみな</u>が、もう一度節約に励む勇気が必要だ。)

22 경제상황이 어렵고 불황이 장기화할 것이라는 우려가 많다.
(経済状況が困難で、不況が長期化するだろうという不安が多い。)

23 그러나 지나친 비관만은 경계하는 지혜를 발휘해야 한다.
(しかし、度を過ぎる悲観だけは警戒する知恵を発揮しなければならない。)

24 모든 <u>경제주체</u>가 불안감을 떨치고 <u>무력감</u>에서 벗어나 다시 일어선다는 각오를 해야 한다.
(すべての<u>経済の主体</u>が不安感を捨て、<u>無気力</u>から脱し、再び立ち上がるのだという覚悟をすべきだ。)

25 우리에겐 한강의 기적을 일궈 낸 저력이 있다.
(我らには漢江の奇跡を引き起こした底力がある。)

26 그 동인(動因)을 끌어내는 데는 정부와 정치권의 역할이 중요하다.
(その動因を引き出すには、政府と政界の役割が重要だ。)

27 경제를 살릴 수 있다는 청사진을 국민에게 제시하고 역할분담에 솔선해야 한다.
(経済を生き返らせるための青写真を国民に提示し、役割分担を率先してやるべきだ。)

V 28 여야는 경제대책협의체를 구성해 경제난 극복방안을 마련키로 했지만 실질적으로 정치권이 할 수 있는 일은 많지 않다.
(与野党は、経済対策協議体を構成し、経済難克服方案を用意しようとしたが、実質的に政界にできることは多くない。)

29 구체적이고 실천적인 방안은 역시 정부가 주도해 만들 수 밖에 없다.
(具体的で実践的な方案は、やはり政府が主導してつくるしかない。)

30 광범위한 여론을 수렴한다며 이것 저것 선심성 정책이나 늘어 놓으면 오히려 걸림돌만 된다.
(広範囲な世論を収斂するといって、あれこれ善心的政策を散らかしてくれるとかえって障害物になる。)

31 정치권은 경제가 경제논리로 운용되게 행정부와 기업을 도와주면 족하다.
(政界は、経済が経済論理で運用されるよう、行政府と企業を助けるだけで十分だ。)

32 강조하거니와 경제회생은 <u>기업의 의욕을 살리는 데서부터</u> 풀어나가야 한다.
(強調するが、経済回生のためには<u>企業の意欲を取り戻すことから</u>解決していかなければならない。)

(文章例3-3)は、見出しの機能が「主張表明」の場合の韓国語の新聞社説である。「主張表明」の機能を持つ見出しの場合は、韓国語も日本語と同様

に、書き手自身がいいたいことを要約する形で見出しにしているため、見出しだけでも書き手が何をいいたいかが分かることが多い。(文章例3-3)について見ると、見出しが「企業意欲の取り戻しが先だ」となっており、書き手の明確な主張が見出しにはっきりと表明されている。

　見出しの反復という観点から見ると、文1～32のうち、文6には、見出しの「企業意欲取り戻しが先だ。」が「企業意欲を取り戻して国民みなが「なせばできる」という自信感を持つようにするのが最優先課題である。」というふうに反復されている。なお、文7も、「정부와 정치권의 경제회생책 우선순위도 여기에 두어야 한다.(政府と政界の経済回生策における優先順位もここに置くべきだ。)」で、文6の主張を指示語「여기(ここ)」を用いて再び主張している。文6と文7とも主題文になりやすいと考えられるが、最も意味の完結度が高く、文脈への依存度が低く、他の文からの独立性が高いものは、文6のほうであると考えられる。また、文32にも「強調するが、経済回生のためには企業の意欲を取り戻すことから解決していかなければならない。」という形で、見出しが表現を変えて反復されているため、文6と32の2つの文が主題文になる可能性が高いことが示唆されている。

　次は、見出しの機能が「話題提示」の場合の韓国の社説の文章例である。

(文章例3-4)
「6・25, 그때 그날과 우리의 오늘」
　(「6・25(韓国戦争)、その当時と我々の今日」)

　　　　　　　　　　　　(韓国の新聞社説、『朝鮮日報』2003.06.24 朝刊)

① I　1　6·25전쟁 53주년을 맞는다.
　　　　(韓国戦争の勃発から53周年となる。)
　　2　아무리 처절한 역사일지라도 세월에 닳고 바람에 깎이면서 끝내는 망각의 저편으로 사라진다고 하지만 6・25전쟁만은 결코 잊혀진 전쟁이 돼서는 안된다.
　　　　(いくら悲惨な歴史であっても歳月に色あせ風に削られ、最後は忘

却の世界へ消え去るというが、韓国戦争だけは決して忘れられた戦争になってはならない。)

II 3 지금 우리 사회는 북한의 핵 개발이라는 절체절명의 위기 앞에서도 막연한 '평화론'에서 깨어나지 못하고 있다.
(今、韓国社会は朝鮮民主主義人民共和国(北朝鮮)の核開発という絶体絶命の危機に瀕していながらも、漠然とした「平和論」から目覚めていない。)

4 전쟁을 막기 위한 단호한 조치를 거론하는 것 자체를 '민족 대결'이니 '냉전적 사고'라고 몰아붙이는 풍조까지 만연하고 있다.
(戦争防止のため断固たる措置を取り上げること自体を「民族対決」だの「冷戦的思考」だのと批判する風潮さえ蔓延している。)

[II] 5 정확한 상황 인식도 없이 무조건 평화만을 외친다고 해서 전쟁을 막을 수 있다면 53년 전의 전쟁도 애당초 일어나지 않았을 것이다.
(的確な状況把握もせず、もっぱら平和だけを叫ぶことで戦争を防ぐことができるなら、53年前の戦争は最初から起きなかったはずだ。)

III 6 이런 사회 풍조 속에 초등학생의 10% 이상이 "6·25는 일본이 일으킨 전쟁"으로 알고 있다는 한 현직 교사의 조사 결과는 우리가 자라는 세대에게 역사의 진실을 가르치는 데 얼마나 소홀했는지를 보여주는 생생한 증거다.
(このような社会風潮の中、小学生の10%以上が「韓国戦争は日本が起こした戦争」と答えたという、ある現職教師の調査結果は、我々が次の世代に歴史の真実を教える努力をどれほど怠ったかを見せ付ける証拠にほかならない。)

7 역사를 잊고 사는 민족에게 역사는 비극의 반복이라는 벌(罰)을 내리는 것이다.
(歴史を忘れた民族に、歴史は悲劇の繰り返しという罰を下す。)

IV 8 6·25에 대한 인식과 교훈이 이처럼 퇴화해 가는 것이 자연적인 풍화(風化)현상 탓인지도 의문이다.
(韓国戦争に対する認識と教訓がこのように色あせていくことが、自然な風化現象なのかも疑問だ。)

Ⅲ　9　한때 전쟁발발 책임이 미국과 남한에도 있다는 이른바 '수정주의'가 풍미하다가 역사적 실증 자료에 의해 빛을 잃기는 했지만, 당시 이를 앞장서 주장했던 사람들의 '고해성사'는 지금도 들을 수가 없다.
(一時、戦争勃発の責任が米国と韓国にあるといった「修正主義」が流行ったが、歴史的な実証資料により光を失った。しかし、当時それを主張した人々の「告解」は未だ聞こえてこない。)

Ⅴ　10　북한에 대한 인식을 현실에 맞게 바꿔 나가는 것은 시대적 요구이다.
(北朝鮮に関する認識を現実的なものにするのは時代的な要求である。)

11　전쟁의 원한(怨恨)만으로 북한을 바라보아서도 안 된다.
(戦争の「怨恨」として北朝鮮を見てはならない。)

12　그러나 민족 화해라는 이름으로 북한 정권에 대해 당연히 해야 할 비판마저 금기시하거나 이른바 '내재적 접근'이라는 이름으로 북한을 북한식으로 바라보는 관점만 고집하는 것은 결코 진정한 해원(解怨)과 화해로 가는 길이라고 할 수 없다.
(しかし民族和解という名のもと、北朝鮮政権への批判を無条件にタブー視したり、いわゆる「内在的アプローチ」という名で北朝鮮を「北朝鮮式」に考える観点ばかりを固執するのは、決して真の和解に向かう道とはいえない。

Ⅵ　13　무엇보다 대통령을 비롯한 정치 지도자들이 국가와 민족의 정통성에 관해 확고한 신념을 갖고 냉철한 현실 인식으로 남북관계를 다루어 나가는 것이 6·25의 교훈을 오늘에 살리는 길이 될 것이다.
(何より大統領をはじめとする政治指導者が国と民族の正当性に対する確固たる信念を持って冷徹な現実認識で南北関係を扱うの

が、韓国戦争の教訓を今日に生かすことになるだろう。)

(文章例3-4)は、見出しの機能が「話題提示」の場合の韓国語の社説の文章例である。この文章の場合、全13文のうち、文7と文12にだけ見出しの語句が反復されておらず、他の11個の文すべてにおいて見出しの語句が反復されている。しかし、この11個の文すべてが主題文であるとはいいにくい。例えば、文1と文13の例から考えてみると、文1の「6・25 전쟁 53 주년을 맞는다. (韓国戦争の勃発から53周年となる。)」は、ある事実をそのまま記述したもので、そこに書き手の意見や判断などが現れていない。しかし、文13の場合は、「무엇보다 (中略) 확고한 신념을 갖고 냉철한 현실 인식으로 남북관계를 다루어 나가는 것이 6・25의 교훈을 오늘에 살리는 길이 될 것이다. (何より (中略) 確固たる信念を持って冷徹な現実認識で南北関係を扱うのが、韓国戦争の教訓を今日に生かすことになるだろう。)」下線部に見られるような書き手の判断を表す表現により、書き手の意見が明確に示されている。このような点から、文1と文13とでは、文章を統括する面において、強弱が認められる。

このように、見出しの本文中の反復表現は、見出しの機能が「話題提示」の場合の多くは、見出しの反復表現だけから「主題文」を認定することは難しい。「話題提示」の場合は、見出し自体に書き手の意見がはっきり示されておらず、これから述べる事柄についての事実のみを述べているためである。

以上見てきたように、見出しの本文中の反復表現の観点は、主題文を認定するのに非常に重要な役割を果たしていることは確かであるが、特に、見出しの機能が「主張表明」の場合は、見出しの本文中の反復表現の観点のみからでも主題文の認定が容易にできる場合が多い。しかし、(文章例3-4)で示した見出しの機能が「話題提示」の機能を持つ見出しの場合と、(文章例3-2)で示した見出しの機能が「その他」の機能を持つ見出しの場合は、主題文の認定において、他の分析観点を考慮に入れる必要があると考えられる。他の分析観点としては、特に、書き手の表現意図を表す機能を有する叙述表

現が有効な分析観点であると考えられ、さらに、叙述表現と呼応して、文を構成する際に骨組みを形成する提題表現の観点を加えることで、より精緻な主題文の認定方法につながると考えられる。

　以下、順に叙述表現と提題表現の観点から見た主題文の認定方法について述べることにする。

3.3.2　叙述表現と主観修飾語

本研究では、野村(1990)に従って、叙述表現を「言い終わりに位置するすべての文末表現」と定義する。

　永野(1986:232)は、1つの文の中での述語の果たす役割は、「文の成分として主語に対応するものであり、主語となる人物や事物の動作・作用・性質・状態などを叙述する語である」とし、それに対する文章の中での述語の果たす役割は、「それぞれが一つの文の述語であると同時に、先行する文ないし後続する文の述語とのかかわりをもっている」としている。また、「述語は原則として文末に位置するものであり、その文末の陳述形式は文全体の表現意図をになっている」と述べている。

　この永野(1986)の指摘のように、叙述表現には、書き手の表現意図が集約されており、文や文章を理解する上で、叙述表現の果たす役割は大きいといえよう。その叙述表現に着目して文章構造を説いている先行研究に、市川(1978)、永野(1986)、佐久間(1986、1995、1997)、メイナード(1997)などがある。これらの研究については既述したため、ここでは割愛する。ここでは、主に、永野(1986)の「辞に関する分類語例表」の細かい内容について触れることにする。

　永野(1986)は、「辞に関する分類語例表」の中に「態度による分類」を設けている。そこでは、叙述表現を「客体的事象の叙述」「主体的立場の陳述」「読み手への働きかけ」に3分類し、それぞれ定義している。それによると、「客体的事象の叙述」に属するものでも、意見や感想を表す機能のものは、「主体的立場の陳述」に分類基準を変更したものがある。また、一語に機能の多様性を認め、実際の使用例を脈絡に応じて分類しているものもあ

る。

　本研究においても、叙述表現[12]を品詞分類による基準だけでなく、その語の使われている文脈により、意味機能を考えて、分類基準にいくつかの修正を加えた。まず、永野(1986)の「辞に関する分類語例表」の「客体的事象の叙述」を「事実」と命名し、「客体的事象の叙述」の定義に従い、分類を試みた。しかし、永野(1986)の分類では、形容詞は「客体的事象の叙述」に属し、感情を表す連語(とんでもない、など)については特に記述がない。ところが、実際の資料を分析してみると、形容詞文(良い、ふさわしい、など)に「主体的立場の陳述」と認めた方が良いと思われるものが多く存在する。そこで、本研究ではこれらを「事実」に対する「意見」として分類することにした。他方、形容詞文には「客体的事象の叙述」であると認められるもの(早い、久しい、など)もある。これらは「事実」として扱うことにする。

　本研究では、市川(1978)、永野(1986)、佐久間(1986、1995、1997)、メイナード(1997)の研究を踏まえて、叙述表現を形式・文脈上の特徴により「事実」と「意見」に2分し、韓日の文章のマクロ構造を対照することにする。なお、韓国語は日本語と言語的に類似な特徴を持つ言語であるため、叙述表現の分類基準を別個にもうける必要がないと考えられる。そこで、本研究では、韓国語の叙述表現の種類を日本語の分類基準と同じくして行った。

　本研究における「事実」と「意見」の定義は、以下の通りである。

「事実」：書き手の事柄に対する客観的な態度が現れている文である。書き手の主観的な態度を表す表現が含まれておらず、事柄をありのまま記述している文である。一般的には、動詞・形容詞の終止形、過去形、体言止め、引用文、状態・推移を表す接尾語などで終わる文である。しかし、これらのうち、文脈によって、意見に含めた方が良いと思われるものは「意見」に含める。例えば、「もどかしさ、はがゆさがつのる」、「思う」、「考える」、「望ましい」、などである。

以下に「事実」の例をデータから示す。

（1） 韓国の盧武鉉(ノムヒョン)大統領が、6日に国賓として訪日する。
（2） 長野県の本人確認情報保護審議会は田中康夫知事に、国と市町村の間の住民基本台帳ネットワーク(住基ネット)を県が中継しないよう求める報告書を提出した。
（3） 서울시가 시내버스개혁 종합대책을 내놓았다.
  （ソウル市が市内バス改革の総合対策を持ち出した。）
（4） 김진표 경제부총리가 "1가구 1주택에도 양도소득세를 부과하는 방안을 공론화하겠다" 고 밝혔다.
  （金振杓(キム・ジンピョ)経済副首相が「1世帯1住宅にも譲渡所得税を賦課する方案を公論化する」と明らかにした。）

書き手の主観的な態度を表す副詞、助動詞などがついておらず、(1)動詞の終止形、(2)～(4)動詞の過去形、のような文末述部で終わっている文を、「事実」として分類する。さらに、その他、状態・推移を表す接尾語(例：東アジアはいま、「政治の季節」を迎えている。)、また、引用文(例：「うそつき」)で終わっているものなどもここに含む。

「意見」：書き手の事柄に対する判断や見解などの主観的な態度が現れている文である。このカテゴリーに含まれる文は、文末述部に書き手の判断が現れている場合と、文末表現は、「事実」であっても、他の要素によって、書き手の判断が現れている場合とがある。なお、文末述部には、一般的に、推定、許容、可能、性状規定表現(伊藤(1996)による：例えば、「嘘だ」、「ふさわしい」など)、当為、意志、願望、感情・思考表現、依頼、命令、禁止表現などが含まれる。

以下に、叙述表現に書き手の判断が現れている「意見」の例を示す。

（５）　もし事実であるなら、まさしく非人道的な国家の犯罪と呼ぶべきだろう。
（６）　流れを見据えた、丁寧な審議を望みたい。
（７）　「북한동포 돕기」는 차분하게 실질적으로 추진해야 한다.
　　　（「北朝鮮援助」は沈着に実質的に推進すべきだ。）
（８）　정부는 이런 치안부재 사태를 그대로 놓아두어서는 안 된다.
　　　（政府はこのような治安不在状態をそのまま放置しておいてはならない。）

(5)は当為表現の「べき」に「だろう」という推定表現が加わった表現(「べきだろう」)で書き手の見解を示しており、(6)は「望みたい」という願望・希望の表現で、書き手の意見として分類される。また、(7)も、「추진해야 한다(推進すべきだ)」で、事柄に対し、当然そうする義務があるという書き手の主張を当為表現で表している。(8)は「놓아두어서는 안 된다(放置しておいてはならない)」という禁止表現で書き手の見解が述べられている。以上の文(5)〜(8)のような文を本研究では、「意見」として分類する。その他、許容、可能、意志、感情・思考表現、依頼、命令表現などをここに含む。
　さらに、次のような疑問文や反語も「意見」として分類することにする。

（９）　いまの景気はいいのか悪いのか。
（10）　脳死は人の死なのか。
（11）　한보의 총수 鄭泰守(정태수)씨에게서 뭔가 「한보 의혹」을 풀어줄 새로운 증언이 나오기를 기대했던 국민들이 어리석었던 것일까.
　　　（韓寶の総帥鄭泰守氏から何か「韓寶疑惑」を解いてくれる新しい証言が出てくることを期待していた国民が愚かだったのだろうか？）
（12）　그런데도 이런 일이 되풀이되고, 지도부 누구 하나 여기에 신경조차 쓰지 않는다니 어떻게 이런 당을 정신이 제대로 박힌 정당, 그것도 대통령이 당원인 집권당이라고 부를 수 있겠는가.

(にもかかわらずこのようなことが繰り返され、指導部の誰一人としてこの問題に神経さえ注がなかったというから、このような党をどうやってまともな政党、しかも大統領が党員である執権党と呼ぶことができるのか。)

(9)〜(12)は問いかけ、反語の表現であり、全体の文脈から見ると書き手の主張が現れていることが分かる。そこで、本研究では、これらも「意見」として分類する。

　さらに、本研究では、書き手の表現意図をより正確にとらえるため、叙述表現に加えて、他の要素、即ち、「主観修飾語」を考慮に入れ、分析を行う。「主観修飾語」とは、「書き手の主観的立場、気持ちを表す表現」のことであり、ここでは「評価を表す連用修飾語」と「主観を表す副詞」に限定することにする。「評価を表す連用修飾語」とは、例えば、「とても重要な〜」、「納得のいかない〜」などの表現であり、「主観を表す副詞」とは、森本(1994)にいう「書き手の主観的な態度が表れている副詞」である。

　本研究では、森本(1994)が指摘した29種類の主観的態度を表す副詞及び、その疑似カテゴリーの成員となりうる副詞を考察対象とするが、森本(1994:26)では、「書き手の主観的／心理的態度を表現する」副詞をSSA副詞(a speaker's subjective attitude)と呼び、次の29の副詞を挙げている。

　　たぶん、きっと、おそらく、かならず、まさか、ぜったい、さぞ、たしかに、ひょっとしたら、たしか、さいわい、あきらかに、あいにく、どうせ、どうも、しょせん、どうやら、けっきょく、どうか、やはり、どうぞ、じつは、ぜひ、事実、もちろん、とうぜん、しょうじき、寛容にも、賢明にも

　なお、森本(1994)は「ほかにもこの疑似カテゴリーの成員となりうる副詞は数多いが、上に挙げた副詞がこのカテゴリーを典型的に表す(あるいはそれに近い)もの」であると想定して分析を進めている。本研究では、上記の

「主観修飾語」が用いられている文を「意見」として分類する。

　以上、叙述表現(文末述部)を重要な手掛かりとしている点では、上記の文末述部についての先行研究と一致する点があるが、先行研究では、書き手の主観的な判断などが現れる主観修飾語の観点は含まれておらず、文末述部だけに焦点を当てて分析を行っている。また、文末述部においても表現形式に重点をおいての分類であるため、書き手の表現意図が正確にとらえられているとはいえないように思われる。なお、本研究で主観修飾語を分析観点として取り入れた大きな理由は、韓国語の新聞社説に、主観修飾語が多用されていることによるものである。

　以下に主観修飾語の例を示す。

(13) <u>確かに</u>発展途上の段階においては、全国どこでも、誰でも、同じ教育が受けられる体制を保障することが国の基本的な責務であり、中央統制による画一的な教育システムが有効だった。

(14) その意味でも、04年度政府予算編成は決定的に<u>重要な</u>意味を持っている。

(15) 한보정국에 밀려 큰 관심을 끌지는 못했으나 대법원은 그저께 <u>매우 중요한</u> 판결 하나를 내렸다.
(韓寶政局に押され大きな関心を引くことはなかったが、大法院は一昨日<u>とても重要な</u>判決１つを下した。)

(16) <u>물론</u> 한・미 정부는 세계적인 미군 재편 전략에 따라 이뤄지는 이 계획이 실행에 옮겨지는 것은 4～5년쯤 뒤의 일이고, 이 기간 동안 주한미군측이 110억달러를 쏟아붓는 전력 강화작업을 하는 만큼 한반도 안보 태세는 오히려 강화되는 것이라고 말하고 있다.
(<u>もちろん</u>、韓米政府は世界的な米軍再編戦略に基づいて行われるこの計画が、実行に移されるのは4～5年後のことで、この期間、在韓米軍側が110億ドルをつぎ込む戦力強化作業を行うだけに、韓半島の安保体制はむしろ強化されることになると強調している。)

(13)〜(16)の文末述部の表現形式は、いわゆる「事実」を表すものであるが、書き手の主観的な態度を表す表現が加わることにより、書き手の気持ちや主観が表されている。例えば、(13)は下線部の「確かに」という森本(1994)で指摘する主観を表す副詞によって書き手の主観が現れていると考えられる。(14)も「重要な」で、書き手の見解が示されていることが窺える。(15)は「매우 중요한(とても重要な)」という評価を表す連用修飾語によって書き手の見解が表されていると判断できる。また、(16)も、「물론(もちろん)」という森本(1994)で指摘する主観を表す副詞によって、書き手の主観が現れていると考えられる。

このように、文末述部は「事実」を表すが、主観修飾語により、書き手の評価や意見が加わっていると判断されるものを、「意見」として分類して分析を行う。本研究では、この「事実」と「意見」のうち、「意見」の現れる文が主題文になりやすいという前提に立っている。それは、永野(1986)、伊藤(1996)によれば、文章の統括力は、「客体的表現(本研究では「事実」としている)」より「主体的表現(本研究では「意見」としている)」が、「主体的表現」より「伝達的表現(本研究ではこれも「意見」としている)」が強いという指摘によるものである。

以下に、実際の韓日の社説の文章例を用いて、文の種類を「事実」と「意見」とに分類した例を(文章例3-5)と(文章例3-6)に提示する。なお、(文章例3-5)は(文章例3-1)と同じ文章例(日本語)で、(文章例3-6)は韓国語の文章例である。

(文章例3-5)
「イランの核　北朝鮮の誤った道をたどるな」
　　　　　　　　　　　(日本語の新聞社説、『毎日新聞』2003.06.21 朝刊)

1　イランの核開発疑惑を討議していた国際原子力機関(IAEA)理事会は19日、核査察の追加議定書を「即時かつ無条件」で締結するなど4項目をイランに求める議長総括を発表して閉幕した。

　　　　事実
2　イランでは昨年夏、ひそかに核兵器開発を進めている疑惑が起きた。　事実
3　いずれも国外の反体制派の指摘で初めてわかったものだ。　意見
4　エルバラダイIAEA事務局長が理事会に提出した報告も、91年に中国からウラン鉱石1・8トンを無申告で輸入したり、疑惑施設の調査標本採取を拒否したなどの具体的事実を明記している。　事実
5　議長総括はこれらを「核物質、施設、活動に関するおびただしい怠慢」と指摘した。　事実
6　保障措置協定「違反」と即断するのを控えたのはイランが「完全な透明性を保障する」と約束したことに配慮した結果だろうが、これで批判を免れたなどと思っては困る。　意見
7　言葉だけでなく、行動で厳しい是正措置を求められたのは当然だ。　意見
8　北朝鮮に続くイランの核開発疑惑は、北東アジアから中東に至る一帯の平和と安定に重大な懸念をもたらすばかりではない。　意見
9　IAEAは国際社会に代わって核拡散を阻止するために設けられた。　事実
10　イランはその理事国でもある。　事実
11　世界の不拡散体制に対する責任が通常の加盟国よりもはるかに重いことを自覚すべきだ。　意見
12　核拡散の動きが世界に広がる中で、現行の保障措置協定の欠陥を埋めるために、97年から24時間の通告で未申告施設にも抜き打ち査察を認める追加議定書が設けられた。　事実
13　だが、議定書の調印国はまだ72カ国にすぎず、発効したのは日本など32カ国にとどまっているのが現状だ。　意見
14　議長総括は、追加議定書の締結に加えて、▽必要なあらゆる施設

の査察▽疑惑解消までナタンツのウラン濃縮施設に核物質を搬入しない▽未申告で濃縮実験を行った疑惑が指摘されたカライ電力会社(テヘラン)周辺の環境調査標本採取を認める——の４項目をイランに求めている。　事実

15　イランが主張するように「平和的核利用」に限定された行動であるならば、これらを履行する上で何ら問題はないはずだ。　意見

16　直ちに行動に移して、世界の疑念を一刻も早く解消してほしい。　意見

17　フセイン・イラク体制崩壊後、国内で民主化デモが続くなど米国との関係をめぐってイランにも複雑な変化が起きているのは事実のようだ。　意見

18　北朝鮮とイランの水面下の接触も関心を集めている。　事実

19　だが、核兵器を保有して国家の安全を図るような方向が国際社会の共感を得られないことは、北朝鮮の例が示す通りだ。　意見

20　日本との関係も悪化するに違いない。　意見

21　IAEAでの疑惑追及は、かつて90年代初めに北朝鮮がたどった道を改めて想起させる。　意見

22　イランには誤った道に進まない決意を明確に世界に示してもらいたい。　意見

23　それは北朝鮮が理性を取り戻して、国際社会の責任ある一員となる助けにもなるはずだ。　意見

24　そのためにも、イランの責任ある対応を求めたい。　意見

　　　　（＊下線部は「意見」を表す叙述表現及び主観修飾語である。）

（文章例3–5）は、（文章例3–1）の文章と同じ文章である。まず、ここでは、叙述表現に着目して、文章のマクロ構造を把握してみたい。叙述表現は書き手の表現意図が集約されるという性質上、主題文を把握するのに非常に重要な観点であることには異論がないはずだ。しかし、叙述表現のみで主題文を把握するには、限界があるように思われる。

（文章例3-5）では、文3、6、7、8、11、13、15、16、17、19、20、21、22、23、24の15個の文に「意見」の叙述表現が用いられている。だが、これら15個のすべての文が主題文であるとは言いにくい。例えば、文13と文22の場合、文13は、「だが、議定書の調印国はまだ72カ国にすぎず、発効したのは日本など32カ国にとどまっているのが現状だ。」で、主語が「議定書の調印国は」「発効したのは」になっており、しかも、見出しの「イランの核　北朝鮮の誤った道をたどるな」との反復から見ると、見出しの内容とは間接的な内容になっている。それに対し、文22は、「イランには誤った道に進まない決意を明確に世界に示してもらいたい。」で分かるように、見出しでの主語「イラン」が出ており、また、見出しの述語「誤った道をたどるな」が表現を変えて「誤った道に進まない決意を明確に世界に示してもらいたい」と表現されている。このようなことから、文13と文22は、叙述表現の観点から見ると、同じく書き手の「意見」が表されているが、主語や見出しとの関連から見ると、文章全体における統括力に強弱があり、つまり、文13より文22のほうが文章の統括力が強いと思われる。このことから、叙述表現の観点のみでは、主題文の認定に限界があるため、文章の統括力を把握するためには、叙述表現に他の観点を加える必要が出てくるのである。なお、（文章例3-5）では主観修飾語は見られなかった。

次に、韓国語の文章例を（文章例3-6）に示すこととする。

（文章例3-6）
은행 전산시스템까지 세우겠다니（「銀行の電算システムまで中断するとは」）
（韓国語の新聞社説、『朝鮮日報』2003.06.11 朝刊）

1　조흥은행 노조가 오는 25일부터 무기한 총파업 돌입을 선언하면서 은행 전산시스템 가동도 완전 중단하겠다고 위협한 것은 고객에 대한 폭력행사와 다름이 없다.　**意見**
（朝興（チョフン）銀行の労組が25日から無期限ストに突入すると宣言し、銀行の電算システムの稼働まで中断すると脅威している

のは、顧客に対する<u>暴力行使にほかならない。</u>)

2 은행 종사자들이 자금거래가 가장 많은 급여일을 골라 창구업무를 마비시키고, 금융시장을 혼란에 빠뜨리겠다는 것은 <u>사실상의 자진폐업 신고라고 할 수 있다</u>. **意見**

(銀行の従事者が資金取引が最も多い給与日に窓口業務を麻痺させ、金融市場を混乱に陥れるというのは、<u>事実上の自主廃業申告である</u>。)

3 어느 고객이 이런 은행과 거래를 하고, 돈을 믿고 맡기려 하겠는가를 생각해보면 <u>당장 깨닫게 될 일이다</u>. **意見**

(誰がこんな銀行と取引しカネを預けようとするか、を考えてみれば、<u>すぐに悟ることだろう</u>。)

4 고객이 떠나가기 시작하면 은행이 문을 닫게 되는 것은 <u>시간문제일 따름이다</u>. **意見**

(顧客が背を向け始めると、銀行が撤退に追いやられるのは<u>時間の問題だ</u>。)

5 은행 고객들과 국민경제를 볼모로 한 극한투쟁을 통해 조흥은행의 독자생존을 보장받겠다는 노조측의 발상은 <u>법과 공권력이 이들의 눈에는 보이지도 않는다는 이야기다</u>. **意見**

(銀行の顧客と国民経済を人質にした「極限闘争」を通じ、朝興銀行の自力再建を保障されようという労組側の発送は<u>法と公権力が彼らの目には見えないということだ</u>。)

6 조흥은행은 2조 7000억원의 공적자금을 수혈받아 <u>간신히 퇴출을 면한 은행이다</u>. **意見**

(朝興銀行は 2 兆 7000 億ウォンの公的資金を支給され、<u>辛うじて撤退を避けた銀行である</u>。)

7 이제 정부가 사실상의 주인인 국민을 대신해 조흥은행 주식을 매각하고 공적자금을 회수하겠다는 데 <u>노조가 나서서 가타부타 따질 권리는 없다</u>. **意見**

(政府が事実上の主人である国民の代わりに朝興銀行の株式を売却

し、公的資金を回収しようとするのに、労組があれこれいう権利はない。)

8　오히려 국민들에게 막대한 공적자금 부담을 안겨준 데 대해 책임감을 느껴야 마땅한 일이다.　意見

(むしろ国民に莫大な公的資金の負担を負わせたことに対し責任感を覚えるのが筋だろう。)

9　그럼에도 노조측이 "유례를 찾아볼 수 없을 만큼 극렬한 총파업을 벌이겠다"니 열린 입이 다물어지지 않을 지경이다.　意見

(にもかかわらず、労組側が「類を見ない程激烈なゼネストを展開する」とは、開いた口が塞がらない位だ。)

10　그동안에도 조흥 노조는 대출원장을 빼돌려 은행 매각을 위한 실사(實査)를 방해했는가 하면, 공적자금관리위원회 매각심사소위 회의장에 무단 난입해 소동을 벌이는 등 도를 벗어난 행동을 서슴지 않았다.　意見

(その間にも朝興銀行労組は貸出元帳を隠して銀行売却のためのデューデリジェンスを妨害したかと思うと、公的資金管理委員会・売却審査小委員会の会議場に乱入し騒動を起すなど、度を越した行動をためらわなかった。)

11　여기에는 정부의 책임이 크다.　意見

(これは政府の責任が大きい。)

12　노무현 대통령이 당선자 시절 조흥 노조와 직접 대화를 갖고, 얼마 전에는 청와대가 나서서 정부와 대화를 하도록 주선하는 등 노조의 이런 일탈행위를 오히려 부추겨주었기 때문이다.　意見

(盧武鉉(ノ・ムヒョン)大統領が在任中、労組と直接対話し、数日前には大統領府が直接政府との対話を仲介するなど、労組のこうした逸脱行為を煽ったためだ。)

13　정부는 이번에도 '대화와 타협' 운운하며 어물쩍 넘어간다면 조흥은행 매각 차질이 문제가 아니라 국가경제 전체가 상처를 입게 될 것임을 분명히 알아야 한다.　意見

(政府は今回も「対話と妥協」云々しながらお茶を濁す場合、朝興銀行売却の支障が問題ではなく、国の経済全体が傷つくということを肝に銘じるべきだ。)

(＊下線部は「意見」を表す叙述表現及び主観修飾語である。)

(文章例3-6)は、韓国語の新聞社説の文章例である。ここでも、叙述表現と主観修飾語に着目して、文章のマクロ構造を把握してみることにする。(文章例3-6)は、全13文で構成されているが、文10を除いたすべての文に「意見」の叙述表現が使われている。なお、文10においても、「도를 벗어난(度を越した)」という評価を表す主観修飾語により、書き手の意見たる表現が現れていると考えられる。即ち、(文章例3-6)は、13個のすべての文が「意見」を表している文章例である。「意見」が多く現れる点は、韓国語の新聞社説の特徴の1つであるといえるが、叙述表現が「意見」であるこれらすべての文が、主題文であるとは考えられない。即ち、叙述表現が同じく「意見」を表す文であっても、文章の統括力に強弱が認められる。例えば、文1と文6から見てみると、文1は、見出しの「은행 전산시스템까지 세우겠다니(「銀行の電算システムまで中断するとは」)」という表現が、「조흥은행 노조가 오는 25일부터 무기한 총파업 돌입을 선언하면서 은행 전산시스템 가동도 완전 중단하겠다고 위협한 것은 고객에 대한 폭력행사와 다름이 없다.(朝興銀行の労組が25日から無期限ストに突入すると宣言し、銀行の電算システムの稼働まで中断すると脅威しているのは、顧客に対する暴力行使にほかならない。)」で、見出しの提題表現と叙述表現が少しずつ表現を変えてはいるが、見出しの意味とほとんど同等の内容が反復されている。従って、文1は、文章の統括力が強いといえよう。一方、文6は、「조흥은행은 2조 7000억원의 공적자금을 수혈받아 간신히 퇴출을 면한 은행이다.(朝興銀行は2兆7000億ウォンの公的資金を支給され、辛うじて撤退を避けた銀行である。)」という表現で、「조흥은행(朝興銀行)」がどういう銀行であるかを説明しているにとどまっており、「電算システムを中断する」ということについては言及していない。即ち、文1に比べると、文6は文章の統括力が

弱いといえよう。このように、叙述表現や主観修飾語の観点からは、同じく「意見」を表す文であっても、他の分析観点により文章の統括力には強弱が認められるのである。

　以上のように、ここでは、叙述表現及び主観修飾語に着目して、文章のマクロ構造の把握を試みたが、叙述表現は書き手の表現意図が集約されるという性質上、主題文を把握するのに非常に重要な観点であることには異論がない。しかし、叙述表現の観点のみで、主題文を把握するには、限界があるように思われる。そこで、本研究では、前述のように、叙述表現と呼応して、文を構成する骨組みとなる提題表現の観点を加えているが、以下、提題表現の分析観点について述べることとする。

3.3.3　提題表現

文章構造を考える上で、「提題表現」は主題文を把握する上で大きな役割を果たすと考えられる。「提題表現」とは、「文の主題を表す言語形式全般をまとめたもの」(佐久間1987:105)であり、「叙述表現」と呼応して、文を構成する文の基本成分である(野村1990、2000)。提題表現については、これまで様々な研究がなされているが、ここでは、文法論における先行研究については割愛することにし、文章論における提題表現の先行研究についてのみ述べることにする。

　永野(1986:133–134)は、「主語の連鎖」という観点から、文(文論)における主語の役割と文章(文章論)における主語の役割は異なるとして、以下のように言及している。

　　一口に主語といっても、文(文論)における主語と文章(文章論)における主語とをひとしなみに考えてはならない。文章における主語の機能を的確にとらえるためには、文における主語とは違った視点をもたなければならないのである。文における主語の問題は、文の内部構造に即して考えることが大切であるが、同様に、文章における主語の問題についても、文章の構造に即して考えることが必要なのはいうまでもない。

一つの文の中で主語のはたす役割は何かといえば、文の成分として述語に対応するものであり、述語の表す動作・作用・性質・状態などの主体を表す語であるとされている。これが「主語」という用語ないし概念に対する一般的な通念である。それでは、それに対して文章の中で主語のはたす役割は何であるか。文章は原則として二つ以上の文の連続によって成り立つものであるから、文章における主語の問題は、当然、文の連続という表現形式に則して考えなければならない。文の連続の中で主語のはたす役割は、それぞれが一つの文の主語であると同時に、先行する文ないし後続する文の主語とのかかわりを持っている、ということである。このように、文章を構成するすべての文の主語が、文章全体を通して何らかの相関関係をなしている事実に着目することによって、「主語の連鎖」という点が浮かび上がってくるのである。

また、永野(1986)は、主語の観点から、文を「(一)現象文・(二)判断文・(三)述語文・(四)準判断文」に4分類し、これらの文の文章中における役割の原則を述べている。このように、永野(1986)は、文章構成の重要な要素としての主語がお互いに何らかの相関関係をなすとする「主語の連鎖」について述べている。永野(1986)では、主語を「現象文・判断文・述語文・準判断文」に4分類し、これらの文の文章中における役割の原則については述べているものの、主語を見出しの反復との関係からレベル分けすることはしていない。しかし、文章構造を解明するには、その文章に見出しが存在する場合は、主語のレベルの差を、「見出し」との関係から明確にすることも必要であると考えられる。そこで、本研究では主語を見出しとの関係からその役割の強弱を計ることを試みる。

　佐久間(1984)は、「街の色」という『天声人語』の文章中には、大中小3段階の規模の話題[13]を示す表現形式が含まれることに言及している。その3段階の類型とは、次の通りである。

（大話題）　〈・・・ニツイテ（ハ）〉
　　　（話題）　　〈・・・ハ〉
　　　（小話題）　〈・・・ガ〉

(佐久間 1984:112)

　佐久間(1984)は、これらの「提題表現」の種類は、表現素材のサイズを反映していることを指摘している。しかし、ここでも本文を理解してもらう「鍵」とでもいうべき見出しとの関連については触れていない[14]。なお、佐久間(2003:95)は、文章の「統括の重層性」について、「「統括の重層性」とは、「相対的統括機能」を有する段の重層構造に基づくものであり、大小様々な話題のまとまりを表す相対的な統括力の違いによる段の相互関係を前提とするもの」と述べ、「実際の文章においては、単独の1文が文章全体を統括することはむしろ少なく、文章構造上、最も高次元の「連段」を統括する「大中心文」としての「主題文」が、段の相互関係をまとめて、最終的に文章全体を統括する」と述べている。

　本研究では、主題文を把握するために、提題表現に着目するが、ここでは提題表現を見出しの機能との関連と文脈上の関係から、その機能を「大」と「小」に分類する。なお、佐久間(1984)のように提題表現を3つに区分する立場もあるが、本研究では、主に、見出しとの関連から提題表現を区分しており、見出しが提題表現として反復されているものを「大」に、そうでないものを「小」に区分した。また、本研究では、主題文を認定するための提題表現の分類であるため、「小提題表現」より「大提題表現」が主題文になりやすいとの前提に立って分析を行うことにする。

　「小提題表現」と「大提題表現」の定義は、次の通りである。

　　大提題表現……文章全体の主題
　　小提題表現……文章中の各文の主題

なお、いうまでもないが、「大提題表現」は、文章全体の提題表現にもなり

得るし、文章におけるある文の提題表現にもなり得る。また、本研究では、永野(1986)の主語の連鎖という観点も取り入れるが、主語の連鎖だけで文章構造を分析するよりは、主語に対する叙述表現の機能をともに調査するほうが、より説得力のある分析方法だと判断したため、提題表現と叙述表現を対にして、分析を行う。なお、佐久間(1990:68)では、提題表現は叙述表現と呼応して文を構成するが、「一般に、多くの文に共通して用いられる提題表現ほど、文章全体の主題や表題に関連する傾向が強い」と述べている。

以下、提題表現と叙述表現の分析例を図3–1((文章例3–1)を用いて分析したもの：日本語の文章例)と、図3–2((文章例3–3)を用いて分析したもの：韓国語の文章例)に示す。

まず、日本語の社説を提題表現と叙述表現の観点から分析した例を図3–1に示すことにする。

見出し			イランの核　北朝鮮の誤った道をたどるな　（主張表明）			
3区分	段落	文	提題表現		叙述表現	
			大 イランの核 φ	小	事　実	意　見 タドルナ
Ⅰ	Ⅰ	1	（イラン核〜ヲ）	国際〜理事会ハ	閉幕シタ。	
		2	イランデハ	〜疑惑ガ	起きタ。	
		3	いずれモ		わかッタ	ものダ。
		4		〜報告モ	明記シテイル。	
	Ⅱ	5		議長総括ハ	指摘シタ。	
		6	イランガ	〜控えタノハ 思ッテハ	配慮シタ	結果ダロウガ、 困ル。
		7		〜求められたノハ		当然ダ
	Ⅲ	8	〜イランの核開発 疑惑ハ			もたらすバカリデ ハナイ。
Ⅱ		9		IAEAハ	設けラレタ。	
		10	イランハ		その理事国	デモアル。
		11	〈イランハ〉	（〜責任ガ）	自覚す	ベキダ。
	Ⅳ	12		〜議定書ガ	設けラレタ。	
		13		〜調印国ハ 発効したノハ〜と どまっているノガ	72カ国に 現状	すぎズ、 ダ。
	Ⅴ	14		議長総括ハ	加えテ、 求めテイル。	
	Ⅵ	15	イランガ	〜問題ハ	主張する ない	ヨウニ ハズダ。
		16	〈イランハ〉		行動に移シテ、 解消し	テホシイ。
Ⅲ	Ⅶ	17	イランニモ	〜変化ガ 起きテイルノハ	事実ノヨウダ。	
		18		〜接触モ（関心ヲ）	集めテイル。	
	Ⅷ	19		（方向ガ〜）得られ ないことハ 〜北朝鮮の例ガ	示す	通りダ。
		20		日本との関係モ	悪化する	ニ違イナイ。
	Ⅸ	21	〜疑惑追及ハ		想起	サセル。
		22	イランニハ		示し	テモライタイ。
		23		それハ（北朝鮮ガ）	取り戻シテ、 一員となる助け	ニモナルハズダ。
	Ⅹ	24	（イランノ）	〈φハ〉	求め	タイ。

（*〈　〉にしているのは、省略されている提題表現を筆者が文脈から復元させたものである）

図3-1　（文章例3-1）の提題表現・叙述表現の機能分析表

図3-1は、(文章例3-1)を用いて、提題表現と叙述表現の分析観点から文の統括力を把握したものである。本研究では、前述のように、提題表現の観点からでは「小提題表現」より「大提題表現」が主題文になりやすく、叙述表現の観点からでは「事実」より「意見」が主題文になりやすいという前提に立っているが、図3-1の分析例から見てみると、提題表現が「大提題表現」、叙述表現が「意見」である文は、文3、6、8、10、11、15、16、17、19、21、22、24の12文である。しかし、この12文すべてが主題文になるとはいいがたい。そこで、他の観点を加えて、主題文を認定する必要があると思われるが、前述した「見出しの本文中の反復表現」の観点を加えると、文21と22が最も主題文になりやすいという結果になる。つまり、(文章例3-1)は、見出しが「主張表明」であるため、見出しの本文中の反復表現が主題文を認定するのに重要な役割を果たしていることがここでも証明できたのである。
　次に、韓国語の社説を提題表現と叙述表現の観点から分析した例を図3-2に示すことにする。

見出し			기업의욕 살리기가 먼저다(企業意欲の取り戻しが先だ)		(主張表明)	
3区分	段落	文	提題表現		叙述表現	
			大 企業意欲の取り戻しガ	小	事　実	意　見 先ダ
Ⅰ	Ⅰ	1		여야~이(与野党~ガ) 합심 노력키로 한 것은(合意努力しようとしたノハ)		당연하다. (当然ダ。)
		2		문제는(問題ハ) ~내놓느냐가 (~持ち出すかガ)		중요하다. (重要ダ。)
		3		과거에도 우리는(過去ニモ我々ハ)	극복했다 (克服シタ)	
		4		오늘의 경기위기는 (今日の経済危機ハ)		구조적이다. (構造的ダ。)
		5		우리 스스로~찾는 길밖에(我々自ら~探すシカ道ガ)		없다.(ナイ。)
		6	기업의욕을 되살리고(企業意欲を取り戻して)	국민모두가~갖도록 하는 게(国民みなガ~持つようにするノガ)		최우선과제다. (最優先課題デアル。)
		7		~우선순위도(~優先順位モ)		두어야 한다. (置くベキダ。)
	Ⅱ	8		경제가~어려운 건 (経済ガ~抱えているノハ)		사실이다.(事実デアル。)
		9	(기업들의 의욕상실까지)((企業の意欲喪失マデ))	무기력 증후군이(無気力症候群ガ)	(겹쳐,) ((重なり,)) 확산되고 있다.(拡散サレテイル。)	
		10	(기업인들이)((企業人たちガ))	투자가 (投資ガ)		(잃으면)((失エバ,)) 살아날 턱이 없다. (生きてくるワケガナイ。)
Ⅱ		11		설비투자는(設備投資ハ)		예상된다. (予想サレル。)
		12		(해외투자는) ((海外投資ハ,)) 산업공동화가 (産業空洞化ガ)	늘어 (増え,) 가속화 할 (加速化する)	전망이다. (見込みデアル。)
		13		(투자가 살아나야) ((投資ガ生きて来てコソ)) ~실업증가도 (~失業増加モ)	해소할 수 있다.(解消デキル。)	
		14		(기업 하기가)((起業することガ)) ~기대하기는(~期待することハ)	서야(言ッタラ,)	힘들대(難しいト) 어려운 일이다. (難しいことデアル。)
	Ⅲ	15	기업의욕을 살리려면(企業意欲を取り戻すニハ)			신나도록 해야 한다. 楽しくさせナケレバナラナイ。
		16		정부는~갖추는 게 (政府ハ~取りそろえるノガ)		시급하다. (急務ダ。)

第3章　韓日の新聞社説の文章のマクロ構造　101

		17		(정부와 은행은) ((政府と銀行ハ、)) 자금난은 (〜資金難ハ)	(약속했지만)((約束シタガ、)) 심해졌다. (悪化シタ。)	
		18		〜잡는 일도 (〜引っ張るようなことモ)	사라져 (なくす)	야 한다. (ベキダ。)
		19	(〜기업들은〜의욕을)(〜企業ハ(〜意欲ヲ))	(정부 당국자는) ((政府当局者ハ))	(지만) ((いうが、)) 잃고 있다.(失ッテイル。)	
		20		(선진국들도) ((先進国モ、)) 주변에선〜소리만 (周辺デハ〜声バカリ)	(기울이는 터에) ((注ぐナカデ、)) 높아지고 있다.(高まっテイル。)	
Ⅲ	Ⅳ	21	기업과 근로자 모두 (企業と勤労者のみなガ、)	용기가 (勇気ガ)		필요하다. (必要ダ。)
		22		우려가 (不安ガ)		많다. (多イ。)
		23		(φ는)《〈φハ〉》 (〜비관만은 (〜悲観ダケハ)		발휘해야 한다.(発揮シナケレバナラナイ。)
		24		(φ는)《〈φハ〉》 (경제주체가)(経済の主体ガ)		각오를 해야 한다.(覚悟をすベキダ。)
		25		우리에겐〜저력이 (我らニハ〜底力ガ)		있다. (アル。)
		26		끌어내는 데는〜역할이(引き出すニハ〜役割ガ)		중요하다. (重要ダ。)
		27		(정부와 정계는) ((政府と政界ハ))	솔선해 (率先してやる)	야 한다. (ベキダ。)
	Ⅴ	28		(여야는) ((与野党ハ、)) 할 수 있는 일은 (できることハ)	(마련키로 했지만) ((用意しようとシタガ、))	많지 않다. (多くナイ。)
		29		방안은〜정부가 (方案ハ、〜政府ガ)		만들 수밖에 없다. (つくるシカナイ。)
		30		(φ가)《〈φガ〉》 (φ가)《〈φガ〉》 (φ은)《〈φハ〉》		(〜한다며)((といっテ、)) (늘어 놓으면)((散らかしてくれるト)) 된다.(ナル。)
		31		정치권은(도와주면) (政界ハ(助けるダケデ)		족하다. (十分ダ。)
		32	기업의 의욕〜데서부터(企業の意欲〜ことカラ)	(φ은)《〈φハ〉》 경제회생은 (経済回生のためニハ)		(강조하거니와)((強調するガ、)) 풀어나가야 한다 (解決していかナケレバナラナイ。)

(*韓国語に〈　〉、日本語翻訳に《〈　〉》としているのは、省略されている提題表現を筆者が文脈から復元させたものである)

図 3-2　(文章例 3-3)の提題表現・叙述表現の機能分析表

図3-2は、提題表現と叙述表現の分析観点から分析した韓国語の社説の例である。図3-2の分析例から分かるように、「提題表現」が「大」を示している文は、文6、9、10、15、19、21、32の7文である。しかも、これら7文の叙述表現は文9と19を除いた5文が「意見」になっている。つまり、上記の文章例は、提題表現と叙述表現の観点から主題文を認定するとしたら、6、10、15、21、32の5文が主題文になり得る可能性が高くなる。ただし、提題表現と叙述表現の観点以外に、見出しの本文中の反復表現の観点を加えると、見出しの内容が最もよく反映されている文6と文32に比べて、文10、15、21は見出しの内容とはやや間接的な内容が述べられていて、文章の統括力が文6と文32に比べて弱いと考えられる。従って、上記の文章例は、文6と文32の2文が最も主題文になりやすいと考えられる。

3.4　主題文になり得る条件（複合的な観点から）

　以上、3.3節では、(1)見出しの本文中の反復表現、(2)叙述表現と主観修飾語、(3)提題表現、という3つの分析観点について述べた。そこで、単独の分析観点による分析だけでは、主題文の認定に困難な点が多々あることが確認された。つまり、(1)見出しの本文中の反復表現の観点のみからでは、見出しの機能が「主張表明」の場合は、見出しの本文中の反復表現が主題文の認定に有力な働きをするが、見出しの機能が「話題提示」及び「その他」の場合は、見出しの反復表現のみの観点からは、主題文の認定に困難が伴う。特に、見出しの機能が「話題提示」の場合は、他の分析観点をも考慮に入れる必要があるといえよう。
　(2)叙述表現と主観修飾語の観点では、社説の文を「事実」と「意見」とに分け、「意見」の文が主題文になりやすいことを述べた。しかし、同じく「意見」を表す文でも、文章の統括の面においては強弱がある。なぜなら、叙述表現、あるいは、主観修飾語によって書き手の主張が述べられていても、その主張が直接的に主題に関連する場合とそうでない場合とがあると考えられるためである。

(3)の提題表現のみの観点からは、「大提題表現」が主題文になりやすいと述べたが、提題表現が同じく、「大提題表現」であっても、叙述表現が単なる「事実」を述べる場合と、書き手の意見が含まれる「意見」を述べる場合とでは、文章の統括力の強弱が生じえる。そこで、提題表現と叙述表現の観点を対にして考える必要性が出てくる。

　以上見てきたように、単独の分析観点では文章構造の把握に問題点があることが確認された。つまり、複合的な観点からの分析が必要である。そこで、本研究では、上記の3つの観点を合わせて、つまり、複合的な観点から主題文となり得る条件を設定することにする。複合的な観点からの主題文になり得る条件としては、次の5点が挙げられる。

（1）　見出しの機能が「主張表明」の場合：
　　　①見出しがそのまま反復されるもの、または、見出しの叙述表現が形を変えて、「意見」を表すもの。
　　　②最も意味の完結度の高いもので、一般に、文脈への依存度が低く、他の文からの独立性が高いもの。
（2）　見出しの機能が「話題提示」の場合：
　　　①見出しに提示された話題について述べられているもの、つまり、見出しと関連のある提題表現が反復されているもの。
　　　②叙述表現が「意見」を表すもの。（特に、第三者に対する要望や当為の文の機能を持つものが主題文になりやすい）
　　　③最も意味の完結度が高く、一般に文脈への依存度が低く、他の文からの独立性が高いもの。

(1)については、①と②の条件を両方備えた文が最も主題文になりやすい。(2)についても、①、②、③の条件をすべてそろえた文が最も主題文になりやすいと考えられる。

　本研究では、以上の方法で主題文を認定し、主題文の文章中の出現位置から韓日両言語の新聞社説における文章構造類型の異同を探る。

3.5 文章の区分と文章構造類型

文章の区分の方法としては、(1)文を中心に分量的に3等分、4等分、8等分したもの(藤村1989、高崎1986など)や、(2)段落(あるいは文段)に分けたもの(市川1978、佐久間1995など)などがある。(1)の区分の仕方の利点としては、文章を一元的に分けられる点にある。ただ、文章の意味内容上の面がほとんど考慮されない点に問題点が残る。(2)の区分の仕方の利点としては、文章の意味内容面が考慮されている点である。ただ、ここでの問題点は、読み手によっては、文章の区切り方に違いが見られることが予想される点である。

文章構造を韓日対照するためには、文章を幾つかに区分する必要があると考えられるが、本研究では、文章を3つの部分に分けることにした。それは、文章構造が文章全体において、前半部分、中間部分、後半部分にどのような特徴が見られるかを韓日対照するためである。なお、佐久間(1997:182)では、「文章・談話は、言語行動の流れの中で一続きの文や発話の完結した連続体として表現されるが、その全体が「はじめ(開始部)」・「なか(中間部)」・「おわり(終了部)」という三つの部分から構成されるしくみになっている」と指摘する。ただし、佐久間(1997)における3つの部分とは、文章を分量的に均等に区分したものではない。

ここで、段落の区切り方には、どのようなものがあるかについて、概観しておきたい。

森岡(1963)は、「段落」について、次のように述べている。

(1) 段落とは比較的長い文章の部分として区分され、それぞれ小主題によって統一されている文集合(特別の場合は文)のことを指している。
(2) 文章は多くの場合、いくつかの段落からなるが、それぞれの段落は、それぞれの話題を取り扱い、それぞれ1つの小主題によってまとめる必要がある。トピック・センテンスとは、このような段落の小主題をセンテンスの形式で言いあらわしたものをさす。

（3） トピック・センテンスを置く位置には決まりはないが、段落の最初がもっとも多く、次に最後、中間の順に多く現われ、又、物語(narration)や記述文(description)では表面に現れぬこともある。

(森岡 1963:112–148)

森岡(1963)にいう「段落」とは、いわゆる英文の「パラグラフ」に近いものと解釈される。

次に、文段とは、「一般に、文章の内部の文集合(もしくは一文)が、内容上のまとまりとして、相対的に他と区分される部分のことである」(市川 1978:146)というものである。さらに、市川(1978)は、「段落」とは、「一般に、①内容上、小主題によって統一されている、②形式上、改行一字下げにして示す、という二つの要素をもつ。」とし「段落」と「文段」を分けて考えている。

また、佐久間(1984)は、「書き手の段落表示は、読み手の理解の便宜を図るためのものであるが、一般に日本語の文章では、「時・所・場面・人物・動作・事柄・見地・段階などの違い」によって段落区分がなされている。」と指摘している。佐久間(1984)は、また、「読み手が段落区分を認める理由」についてのアンケート調査の結果、

1　内容面の統一によるもの(52%)
2　文章構成面の展開によるもの(22%)
3　接続詞や指示語などの言語形態面の特徴によるもの(20%)
4　言語分量面の均衡を指摘したもの(4%)

(佐久間 1984:106–107)

という結果を示している。

次に、西田(1980:592–593)は、段落は「事実・命題などを話題として提示する文(話題文)を中心として成立する。もっとも単純な構造の段落は話題文のみから成るが、一般的には、話題文とそれに対する著者の見解(感想・

意見・推測・判断等)を述べた文とから成るものが段落構造の基幹となる。文章における内部区分の一。小主題を中心とした一まとまりの表現とその区切り。基本的には話題文のみでも段落をなすが、通常は二文以上の文集合から成る。印刷、表記される文章では、段落の最初を改行、一字下げの形で示す。時に▼‖等の符号で示すこともある(例、新聞のコラムなど)。『段落』の語は、古く漢文作法書で、文章の区切りの意で、「節」と同義に用いられたが、明治時代以降、paragraphの訳語として用いられている。節、文段、パラグラフ。『段落』は、文章における区切りを視覚的・形式的に示すことにその職能がある。実際の文章における段落の区切り方は内容上のまとまりによる論理的・意味的なもののほか、作者の息の長さ・持続力等による生理的なものや、文章のリズムに対する作者の好みや特殊な創作意図によるもの等がある。なお、国語教育では、視覚的な方式による段落を『形式段落』と称し、『形式段落』をいくつか統合して内容上、文章構成上の一単位となるものを『意味段落』と称することがあるが、『段落』は視覚的印象に訴える区切りであるから、『意味段落』という用語は適切ではない。むしろ、『文段』『段』などの語をその意味に限定して用いるようにする必要があろう。」と述べられている。

　以上見てきたように、「段落」「文段」については、さまざまなとらえ方がある。

　新聞社説は、ある程度文章作成に熟練した書き手による文章であるため、書き手が小主題を中心としたひとまとまり[15]として改行一字下げの形式で段落を区切っていると考えられる。事実、永野(1986:101)の文法論的文章論においては、文章の改行を重視して「文章構造を解明するための手がかりとすべきものは、現実にそこにある文章の文脈としての段落(改行段落・小段落)でなければならない」と主張する。

　本研究では、文章を3区分するにあたり、文と形式段落を手がかりとして分析を行う。文と形式段落は文章の構成において重要な要素であると考えられるためである。なお、文章を区分するには、文章構成の重要な要素であるといわれる文段(段)についても考慮に入れなければならないと思われるが、

ここでは、文章構造を韓日対照することを主な目的としているため、文と形式段落を中心とした分量的な平均による分析を行うことにする。

文章構造類型についてであるが、佐久間(1999)では、文段を中心に文章構造類型を「頭括式・尾括式・両括式・中括式・分括式・潜括式」の6種類に分類している。本研究では、文章構造類型の分類において、佐久間(1999)を参考にしているが、本研究では文段による分析ではないため、佐久間の用語とは別に、ここでは、分析の便宜上、「前」「中」「後」という用語を用いる。本研究における文章構造類型は、「前」「中」「後」「前・中」「前・後」「中・後」「前・中・後」の7種類である。

なお、社説は意見を主張することを主な目的とする文章であるため、主題文が現れない、つまり、佐久間で指摘する「潜括式」の類型は現れない傾向が強い。そこで本研究では、「潜括式」は除外することにした。

〈表3–1〉は本研究における文章構造類型と主題文の位置を示したものである。

〈表3–1〉3区分による文章構造類型

文章構造類型	①「前」	②「中」	③「後」	④「前・中」	⑤「前・後」	⑥「中・後」	⑦「前・中・後」
主題文の位置	前部	中部	後部	前部と中部	前部と後部	中部と後部	前部と中部と後部

3.6 分析結果と考察

ここでは、見出しの本文中の反復表現、提題表現、叙述表現と主観修飾語といった複数の観点から見た韓日両社説の文章のマクロ構造の特徴について調べた結果を示す。〈表3–2〉及び〈グラフ3–2〉と〈グラフ3–2'〉は資料①（資料①と②については pp.37-38 を参照されたい）を、〈表3–3〉及び〈グラフ3–3〉と〈グラフ3–3'〉は資料②を分析した結果を示したものである。なお、〈グラフ3–2'〉は、資料①の日本語の新聞社説、『朝日新聞』と『毎日新

聞』、韓国語の新聞社説、『朝鮮日報』と『東亜日報』の分析結果をそれぞれ合計したグラフである。また、グラフ〈グラフ3-3'〉は資料①と②の日本語の新聞社説の『毎日新聞』と韓国語の新聞社説の『朝鮮日報』の分析結果を合計して示したものである。

〈表3-2〉見出しの反復表現と提題表現・叙述表現と主観修飾語から見た文章構造(1)

( )の前の数字：文章数、( )内の単位：%

文章構成類型＼新聞の種類	「前」	「中」	「後」	「前・中」	「前・後」	「中・後」	「前・中・後」	合計
朝日新聞	10 (21.73)	8 (17.39)	23 (50.00)	0 (0)	2 (4.34)	2 (4.34)	1 (2.17)	46 (100)
毎日新聞	2 (3.84)	3 (5.76)	39 (75.00)	0 (0)	1 (1.92)	5 (9.61)	2 (3.84)	52 (100)
小計(日本語)	12 (12.24)	11 (11.22)	62 (63.26)	0 (0)	3 (3.06)	7 (7.14)	3 (3.06)	98 (100)
朝鮮日報	4 (6.89)	1 (1.72)	27 (46.55)	2 (3.44)	9 (15.51)	9 (15.51)	6 (10.34)	58 (100)
東亜日報	3 (5.00)	5 (8.33)	24 (40.00)	3 (5.00)	12 (20.00)	7 (11.66)	6 (10.00)	60 (100)
小計(韓国語)	7 (5.93)	6 (5.08)	47 (39.83)	5 (4.23)	24 (20.33)	17 (14.40)	12 (10.16)	118 (100)

(資料①を分析した結果)

〈表3-2〉及び〈グラフ3-2〉と〈グラフ3-2'〉は、資料①を分析した結果であるが、これらの分析結果から、韓日両言語のいずれの新聞社説においても、主題文が文章の後部、つまり、「後」にくるものが多いことが分かる。特に、日本語においては、全体の約半数(『朝日新聞』が全46文章中23文章(50.00%)、『毎日新聞』が全52文章中39文章(75.00%))が「後」に出現している。これは、佐久間(1997:198)で「日本語の文章・談話においては、「おわり」の部分には、最も中心的で重要な内容(主張や結論など)を述べ、それによって全体をまとめてしめくくる働きをする表現が見られる。」とした指摘を支持する結果でもある。

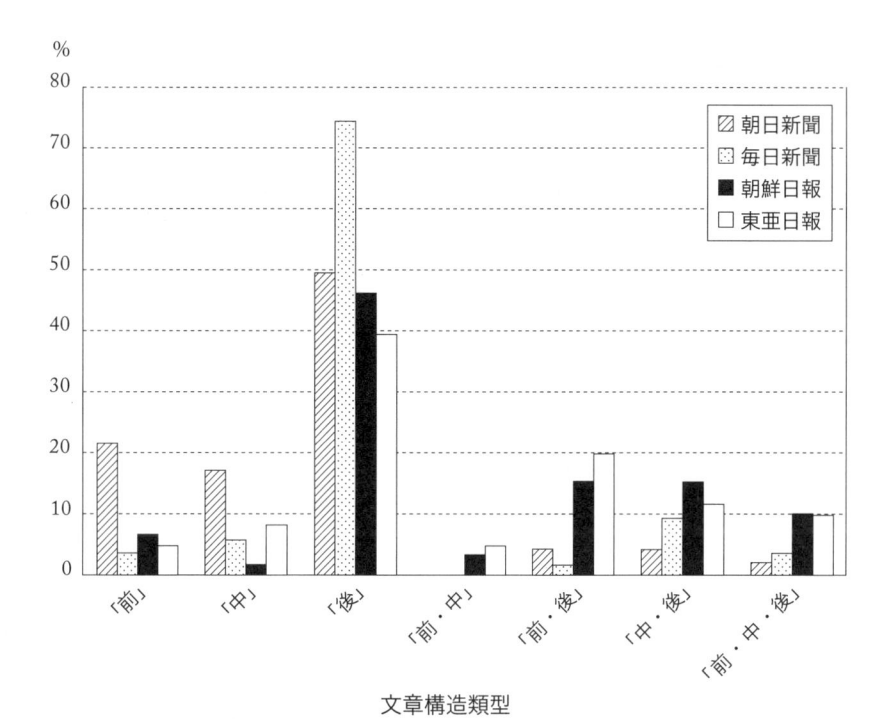

〈グラフ3-2〉　見出しの反復表現と提題表現・叙述表現と主観修飾語から見た文章構造（1）

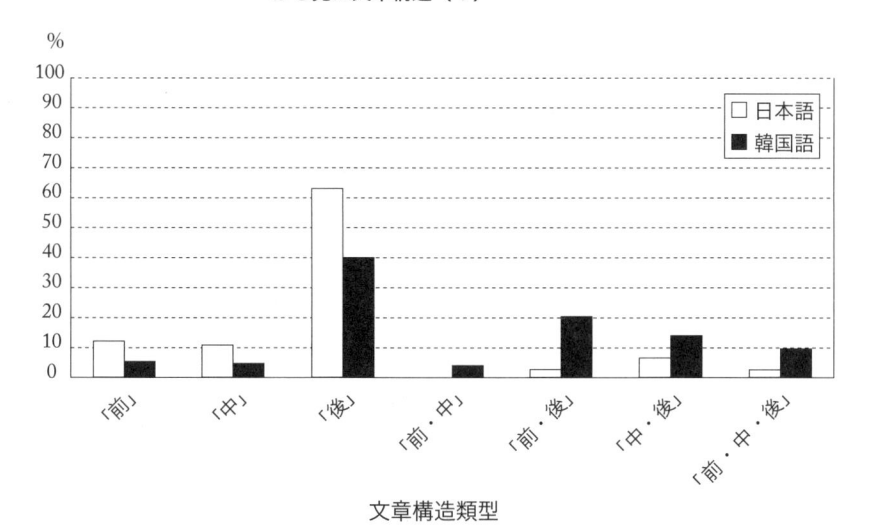

〈グラフ3-2'〉　日韓語の文章構造類型（合計）

一方、韓国語の社説の特徴としては、文章の区分の1カ所に主題文が現れるのではなく、「前・後」など、2カ所以上に位置する例(『朝鮮日報』が全58文章中26文章(44.82％)、『東亜日報』が全60文章中28文章(46.66％))が日本語に比べて多い。これは、『朝日新聞』では46文章中5文章(10.86％)、『毎日新聞』では52文章中8文章(15.38％)しかないのとは対照的な結果である。このように、韓国語の社説の文章は、書き手の主張が類似する形で文章の広い範囲に何度も繰り返される傾向が強いことが特徴的である。

　次に、資料②の分析結果を示すことにする。

〈表3-3〉見出しの反復表現と提題表現・叙述表現と主観修飾語から見た文章構造(2)

( )の前の数字：文章数、( )内の単位：％

文章構造類型＼韓日の新聞	前	中	後	前・中	前・後	中・後	前・中・後	合計
毎日新聞	1 (1.72)	2 (3.44)	25 (43.10)	0 (0)	7 (12.06)	13 (22.41)	10 (17.24)	58 (99.97)
朝鮮日報	0 (0)	0 (0)	6 (7.69)	0 (0)	19 (24.35)	6 (7.69)	47 (60.25)	78 (99.99)

(資料②を分析した結果)

　〈表3-3〉と〈グラフ3-3〉は、資料②を分析した結果であり、〈グラフ3-3'〉は、資料①と②の『毎日新聞』と『朝鮮日報』の合計を示したものである。

　〈表3-3〉及び〈グラフ3-3〉から分かるように、文章構造類型のうち、「後」、「前・後」、「中・後」、「前・中・後」などのような、後半に主題文が現れる比率は、日本語が58文章中56文章(96.55％)で文章のほとんどを占める。また、韓国語も78文章中の78文章(100％)を占める。このことから、韓日の新聞社説の文章の多くは、文章の後半に主題文を有する傾向が強いことが分かる。

　また、韓日の文章構造の傾向を全体的に見た場合、日本語では、「後」の文章が25例(43.10％)で最も多く、次に「中・後」の文章が13例(22.41％)

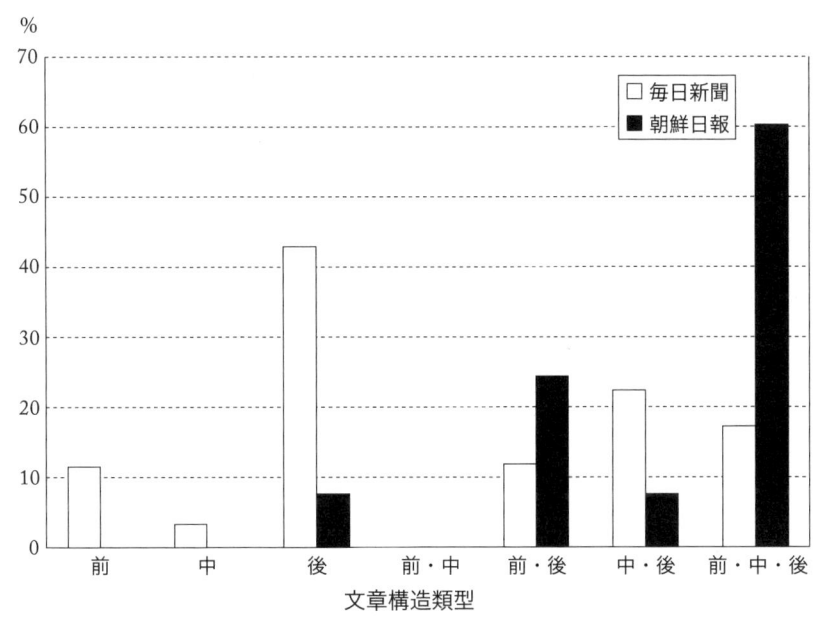

第3章　韓日の新聞社説の文章のマクロ構造　111

〈グラフ3-3〉　見出しの反復表現と提題表現・叙述表現と主観修飾語から見た文章構造（2）

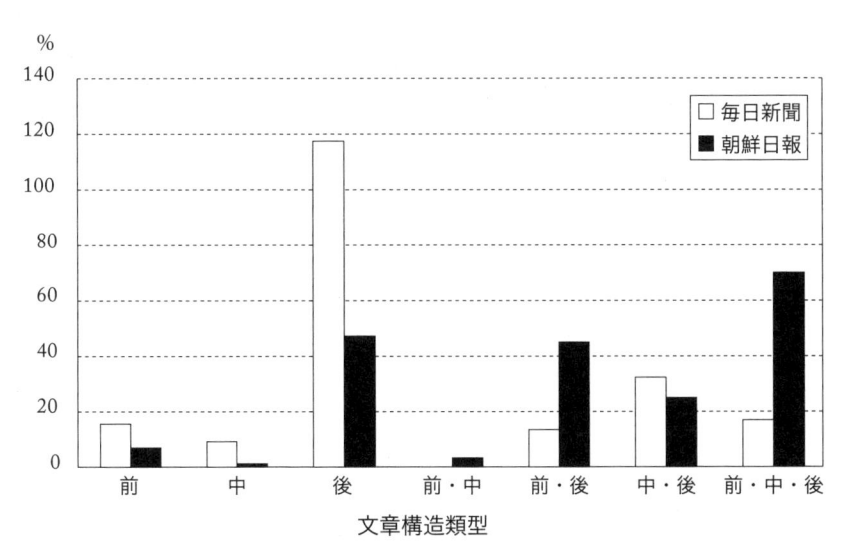

〈グラフ3-3'〉　毎日新聞と朝鮮日報の文章構造類型（合計）

で2番目に多い。次いで「前・中・後」の文章が10例(17.24%)で3番目に多い。「中・後」の文章構造類型が多いことは、韓国語の6例(7.69%)に比べると対照的であるといえよう。また、日本語の本文の文章構造には、「前・後」の文章構造の文章が7例(12.06%)、「中」の文章構造の文章が2例(3.44%)見られた。なお、「前」が1例(1.72%)見られ、「前・中」の文章構造の例は見られなかった。このように日本語の新聞社説の本文の文章構造は、「後」＞「中・後」＞「前・中・後」＞「前・後」＞「中」＞「前」という順になっている。

　一方、韓国語では、主題文が散在する「前・中・後」の文章が47例(60.25%)で最も多く、全体の半数以上を占める。次に、「前・後」の文章が19例(24.35%)で2番目に多い。「後」と「中・後」の文章が6例(7.69%)ずつで3番目に多い。また、韓国語では、「前・中・後」と「前・後」の文章構造をあわせると66文章(84.61%)もある。つまり、韓国語の新聞社説の文章は、文章の前半から主題文が示される傾向が強いといえよう。以上のように、韓国語の新聞社説の文章構造は、「前・中・後」＞「前・後」＞「後」、「中・後」という順になっている。

　資料①と資料②の『毎日新聞』と『朝鮮日報』の合計を示した〈グラフ3-3〉からも、日本語の社説は、圧倒的に「後」の文章構造類型の文章が多く、次に「中・後」、「前・中・後」が多く見られる。一方、韓国語の社説は、「後」の文章構造類型が多い点では日本語と類似しているが、日本語の社説に比べて圧倒的に「前・中・後」の文章が多いこと、また「前・後」の文章が多いことが特徴的であるといえよう。つまり、韓国語の社説の場合は、書き手の最も主張したいことを文章の前半から示していることが日本語と対照的であると考えられる。

　以上を総合すると、韓日の新聞社説の文章は、文章の後半に主題文を示す点では一致する。しかし、比較的、日本語では、文章の前半より後半に進むにつれて主題文を置く傾向が強く、韓国語では、文章の前半から主題文が現れ、後半でもう一度主題文が現れる傾向が強いといえよう。さらに、韓国語は、日本語に比べ、主題文が分散して現れる傾向が強いといえよう。

なお、〈表3–2〉と〈表3–3〉の結果は、それぞれ違う資料を用いて分析した結果であり、〈表3–3〉のほうが新しい年度の資料を分析した結果である。両者には、大枠としての結果、つまり、日本語は文章の後半に主題文が現れるが、韓国語は比較的主題文が2ヵ所以上に現れる傾向が強い点では一致するが、韓日間の傾向に部分的に違いが見られた。特に、主題文が散在する「前・中・後」の比率が韓日ともに高くなっている。特に、韓国の場合は、「後」より「前・中・後」の比率が非常に高くなっている。このような結果の違いの要因としては、書き手による違い、題材による違い、時代の変化による違いなどが考えられよう。この点については、今後、ジャンル別、テーマ（題材）別、さらには時代別に区分しての再検討が必要であろう。ここでは、それらを主眼点としておらず、韓日の新聞社説の一般的な文章構造の違いを述べることを目的としているため、それについての言及は特に行わないことにする。

　以上、韓日の新聞社説には、文章のマクロ構造上に違いがあることが明らかになった。日本語の社説の文章は、前部には書き手の結論（主題文）がはっきり示されず、これから述べる事柄に対する事実の報告や解説を行い、後部に進むにつれて、書き手の結論（主題文）が表明される文章構造になりやすい。一方、韓国語の社説の文章は、前部から書き手の結論（主題文）が明確に述べられ、後部にもう一度反復する形で書き手の結論（主題文）が述べられる文章構造のものが多い。

　以上の結果から、多くの先行研究に述べられている日本語の文章構造の特徴、つまり、結論が文章の終わりに置かれるという点が再確認された。と同時に、全国紙である両紙が広範な読み手を想定して書かれている点を考慮に入れて考えると、韓日両言語の社説においては、期待される（良しとされる、あるいは望ましいとされる）文章の型に違いがあることが明らかになった。また、対照レトリックの研究の先行研究において、文構造の違いが文章構造の違いに影響を与えるとの示唆を与えていたが、文構造が類似する韓日両言語の新聞社説の文章構造を分析した結果、必ずしも文構造の違いが文章構造に影響を与えるとは言い難いということが明らかになったといえよう。

このことは、2.3.1節で、文を対象とする「統語論」と言語の運用(パフォーマンス)を対象とする「文章論」は、それぞれ独立した領域であり、必ずしも同一の原理が働いているとは考えにくいとしたことが実証できたことになるだろう。と同時に、上記の結論は、主張の文章である新聞社説におけるパフォーマンスに韓日間には違いのあることを意味し、さらには、韓日両言語の主張のストラテジー(「語用論」)として文章に現れていることにつながるのではないかと考えられる。

3.7　主題文の表現類型

本節では、第3章で明らかにした主題文をもとに、韓日両言語の主題文の叙述表現の使用傾向を探ることにする。ここでは、叙述表現の形式面や文脈上の内容面から、主題文を次の8種類に細分類する。

(1) 感情・思考を表す表現(以下、「思考」と呼ぶ)
(2) 婉曲な断定を表す表現(以下、「婉断」と呼ぶ)
(3) 婉曲な当為を表す表現(以下、「婉当」と呼ぶ)
(4) 断定・強意を表す表現(以下、「断定」と呼ぶ)
(5) 疑問・反語を表す表現(以下、「疑問」と呼ぶ)
(6) 希望・願望を表す表現(以下、「願望」と呼ぶ)
(7) 当為を表す表現(以下、「当為」と呼ぶ)
(8) その他の表現(以下、「その他」と呼ぶ)

以上のように、本研究では、主題文の叙述表現の種類を「思考」・「婉曲断定」・「婉曲当為」・「断定」・「疑問」・「願望」・「当為」・「その他」の8つに細分類し、韓日両言語の社説における主題文の叙述表現の出現傾向を明らかにする。それぞれの定義は、以下の通りである。

(1)「思考」とは、書き手の感情・思考に触れる表現で、「思う」「思われる」「考える」「感がする」「遺憾である」「思わざるを得ない」などの表現である。

　(2)「婉断」とは、書き手の意見がはっきり表されず、婉曲的な断定を言い表している文を意味する。主に、断定表現に推量の表現が加わっている場合である。例えば、「だろう」「かもしれない」「まい」「う・よう」「てはならないだろう」「てはなるまい」「のだが」などである。

　(3)「婉当」とは、書き手の意見を婉曲的な当為表現で表した文を意味するが、主に、当為表現に推量表現が加わっている場合である。例えば、「べきであろう」「なければなるまい」などがここに含まれる。

　(4)「断定」とは、名詞述語文などのように、書き手の意見がはっきりと言い表されている文である。例えば、「だ」「のだ」「わけだ」「ものだ」「からだ」「に違いない」「はずだ」「にすぎない」「にほかならない」「─するときだ」「ざるをえない」「わけにはいかない」「当然である」「良い」「理解できないところが多い」などがここに含まれる。

　(5)「疑問」とは、反語を含む疑問型の叙述表現すべてを意味する。例えば、「か」「だろうか」「何を―か」「どう―か」「どんな―だろう」「どれ―か」「―のか―のか」「どうか」「なぜ―か」、「ではないか」「のではないか」「ことではないか」「のではないだろうか」、「てはいないだろうか」「ことにならないか」「受け止めるだろうか」などがここに含まれる。

　(6)「願望」は、書き手の読み手への、あるいは、その他に対しての願望や希望を表す表現であるが、例えば、「てほしい」「てもらいたい」「たい」「望ましい」「期待する」「―たらうれしい」などが挙げられる。但し、ここでは、第3者に対する願望のみを含む。

　(7)「当為」とは、書き手の強い意見・主張が、言い切った当為表現で表されている文を表す。例えば、「なければならない・なければいけない」「べきだ」などがある。但し、「なければならない」と「なければいけない」の間には、文体的に、また意味用法上に、厳格に言えば、多少異なるところがあるが、ここでは、両方とも判断の必然的な帰結を表す言い方として認め

られる点から同類に含むことにする。この両方の異形態としては、「ねばならない」「なくてはならない／なくちゃならない」「なくてはいけない／なくちゃいけない」「なければだめだ」などがある。

　(8)　「その他」とは、上記の(1)～(7)に属さない表現で表されている文を表す。例えば、「求められている」「読み取れない」などのような、いわゆる「事実」として分類される例である。なお、引用文も「その他」として分類する。

　なお韓国語は日本語と言語的に類似な特徴を持つ言語であるため、叙述表現の分類基準を別個にもうける必要がないと考えられる。そこで、本研究では、韓国語の主題文の種類を日本語の分類基準と同じくして行った。以下、韓国語の分類の例を韓国語で示すことにする。

　(1)　감정・사고를 나타내는 표현(感情・思考の表現)(「思考」):「생각한다」(「思う」「考える」)、「생각된다」「여겨진다」(「思われる」)、「본다」(「見る」)、「느낌이다」(「感がする」)、「감지된다」(「感知される」)、「유감이다」(「遺憾である」)、「생각하지 않을 수 없다」(「思わざるを得ない」)、등등(「などなど」)

　(2)　완곡한 단정의 표현(婉曲的な断定の表現)(「婉断」):「일것이다」(「だろう」「まい」「う・よう」)、「일지도 모른다」(「かもしれない」)、「서는 안 될 것이다」(「てはなるまい」)、「지만」(「のだが」)、등등(「などなど」)

　(3)　완곡한 당위의 표현(婉曲的な当為の表現)(「婉当」):「야 할 것이다」(「べきであろう」)、「지 않으면 안될 것이다」(「なければなるまい」)、등등(「などなど」)

　(4)　단정・강의를 나타내는 표현(断定・強意を言い表す表現)(「断定」):「이다」(「だ」)、「것이다」「일이다」(「のだ」「わけだ」「ものだ」)、「때문이다」「이유다」(「からだ」)、「에 틀림없다」(「に違いない」)、「야 할 터이다」(「のはずだ」)、「할 때다」(「—するときだ」)、「서는 안된다」(「てはならない」)、「옳다」(「正しい」)、「지 않을 수 없다」(「ざるをえない」)、「할 수는

없다」(「わけにはいかない」)、등등(「などなど」)

(5) 의문을 나타내는 표현(疑問を表す表現)(「疑問」):「어떨까」(「どうか」)、「무엇일까」(「何だろうか」)、「무슨 생각일까」(「どういう考えだろうか」)、「어찌할—가」(「どう—か」)、「어디—가」(「どこ—か」)、「지 않을까(아닌가)」(「ではないか」)、「것이지 않을까」(「のではないか」)、「는 것이지 않을까」(「てはいないだろうか」)、등등(「などなど」)

(6) 갈망을 나타내는 표현(願望を表す表現)(「願望」):「하기 바란다」「촉구한다」「했으면 한다」(「てほしい」)、「기대한다」(「期待する」)、「바람이다」(「てもらいたい」)、「싶다」(「たい」)、「바라마지 않는다」(「望む」)、등등(「などなど」)

(7) 당위를 나타내는 표현(当為を表す表現)(「当為」):「지 않으면 안된다」(「ねばならない」「なくてはならない／なくちゃならない」「なくてはいけない／なくちゃいけない」「なければだめだ」)、「해야 한다・해야 된다」(「すべきだ」)、등등(「などなど」)

(8) 그 외의 표현(その他の表現)(「その他」):위의 (1)~(7)에 해당하지 않는 표현. (「上記の(1)~(7)に属さない表現。」)「우려가 일고 있다」(「憂慮されている」)、「사실에 가깝다」(「事実に近い」)등의 표현으로 이른바「사실」로 분류되는 예이다. (「などのような、いわゆる「事実」として分類される例である。」)인용문도「그 외의 표현」에 속한다. (「引用文も「その他の表現」として分類する。」)

以下、上記の分類基準に基づいて、韓日の主題文の叙述表現の使用傾向を調べた結果を示すことにする。〈表3-4〉〈グラフ3-4〉〈グラフ3-4'〉は資料①を分析した結果であり、〈表3-5〉〈グラフ3-5〉は資料②を分析した結果である。なお、〈グラフ3-4'〉は資料①を分析した結果から韓日両言語の合計を示したものである。

〈表3-4〉主題文の表現類型

( )内の単位：％

叙述表現 新聞の種類	1 思考	2 婉断	3 婉当	4 断定	5 疑問	6 願望	7 当為	その他	合計
朝日新聞	6 (8.10)	7 (9.45)	4 (5.40)	21 (28.37)	9 (12.16)	11 (12.16)	13 (14.86)	3 (4.05)	74 (99.95)
毎日新聞	0 (0)	4 (4.76)	9 (10.71)	27 (32.14)	7 (8.33)	21 (25.00)	10 (11.90)	6 (7.14)	84 (99.98)
合 計 (日本語)	6 (3.79)	11 (6.96)	13 (8.22)	48 (30.37)	16 (10.12)	32 (20.25)	23 (14.55)	9 (5.69)	158 (99.95)
朝鮮日報	3 (2.47)	9 (7.43)	19 (15.70)	64 (52.89)	0 (0)	9 (7.43)	15 (12.39)	2 (1.65)	121 (99.96)
東亜日報	0 (0)	0 (0)	2 (1.85)	47 (43.51)	0 (0)	14 (12.96)	44 (40.74)	1 (0.92)	108 (99.98)
合 計 (韓国語)	3 (1.31)	9 (3.93)	21 (9.17)	111 (48.47)	0 (0)	23 (10.04)	59 (25.76)	3 (1.31)	229 (99.99)

資料①を分析した結果

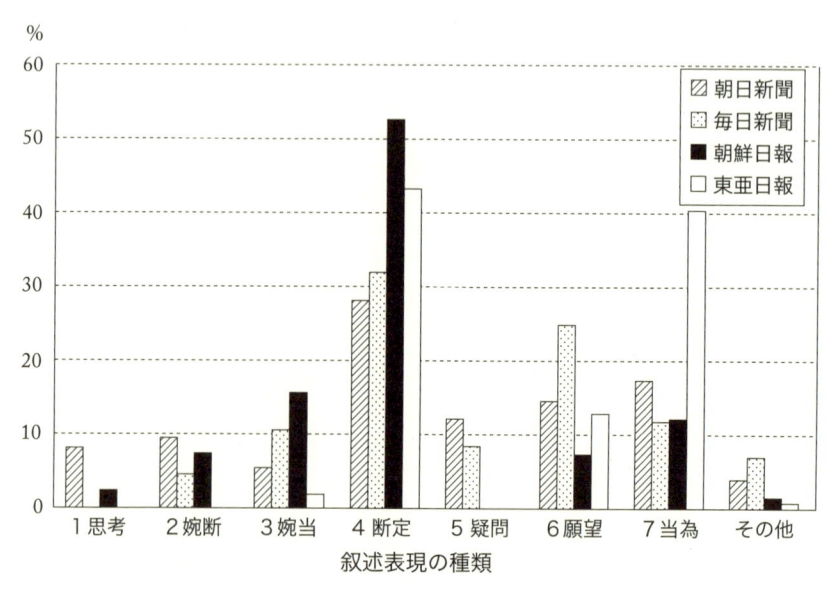

〈グラフ3-4〉 主題文の叙述表現の使用傾向（1）

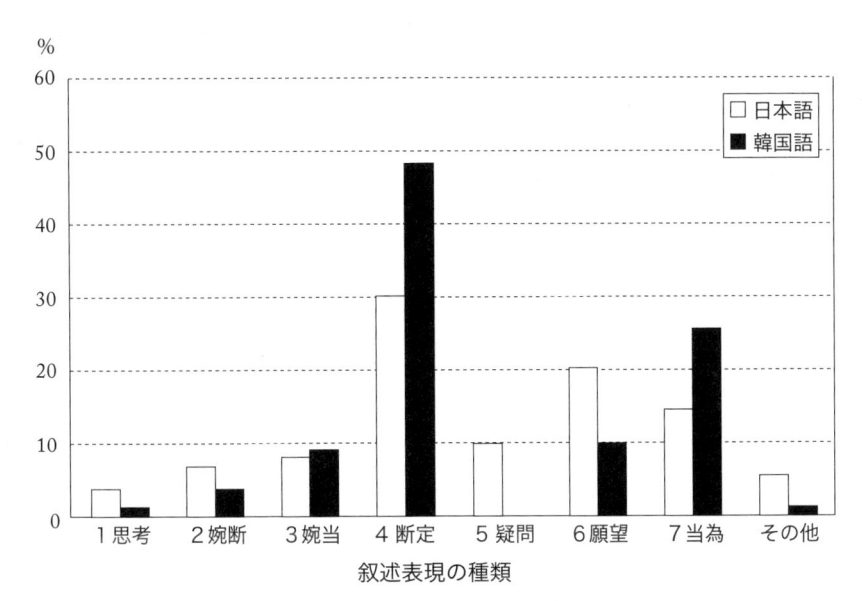

〈グラフ3-4'〉 主題文の叙述表現の使用傾向（合計）

〈表3-4〉〈グラフ3-4〉〈グラフ3-4'〉から分かるように、社説はジャンルの性格上、いわゆる「意見」を表す表現が韓日両言語ともに多く用いられる。特に、主題文の場合は、その傾向が顕著に見られる。

　韓日の社説における主題文の叙述表現の使用傾向を具体的に見てみると、韓日両言語ともに、「断定」の表現が最も多く用いられていることが分かる『朝日新聞』：74例中21例（28.37％）、『毎日新聞』：84例中27例（32.14％）、『朝鮮日報』：121例中64例（52.89％）、『東亜日報』：108例中47例（43.51％））。

　「断定」表現が多く用いられる点では、韓日両言語間に共通点が見られるが、日本語と韓国語の社説の主題文には、叙述表現の使用傾向に微妙な違いが見られる。日本語における叙述表現の使い方の特徴としては、韓国語に比べて「願望」の表現が多く使われる傾向がある。特に、『毎日新聞』の場合は、その傾向が強く、全84例の主題文のうち、21例（25.00％）見られる。一方、韓国語には「断定」表現に次いで多く見られる叙述表現は、「当為」表現である。特に、『東亜日報』にその傾向が強く、全108例の主題文のう

ち、44例(40.74%)も見られる。なお、「疑問」表現が、『朝日新聞』に9例(12.16%)、『毎日新聞』に7例(8.33%)見られるのに対し、韓国語の『朝鮮日報』『東亜日報』ともに、0例であるのは特徴的であるといえよう。

次に、資料②を分析した結果を〈表3-5〉〈グラフ3-5〉に示すことにする。

〈表3-5〉 主題文の表現類型

( )内の単位：％

叙述表現 新聞の種類	1 思考	2 婉断	3 婉当	4 断定	5 疑問	6 願望	7 当為	その他	合計
毎日新聞	1 (0.50)	6 (3.01)	3 (1.50)	99 (49.74)	23 (11.55)	26 (13.06)	30 (15.07)	11 (5.52)	199 (99.95)
朝鮮日報	3 (1.03)	19 (6.57)	17 (5.88)	180 (62.28)	13 (4.49)	10 (3.46)	33 (11.41)	14 (4.84)	289 (99.96)

資料②を分析した結果

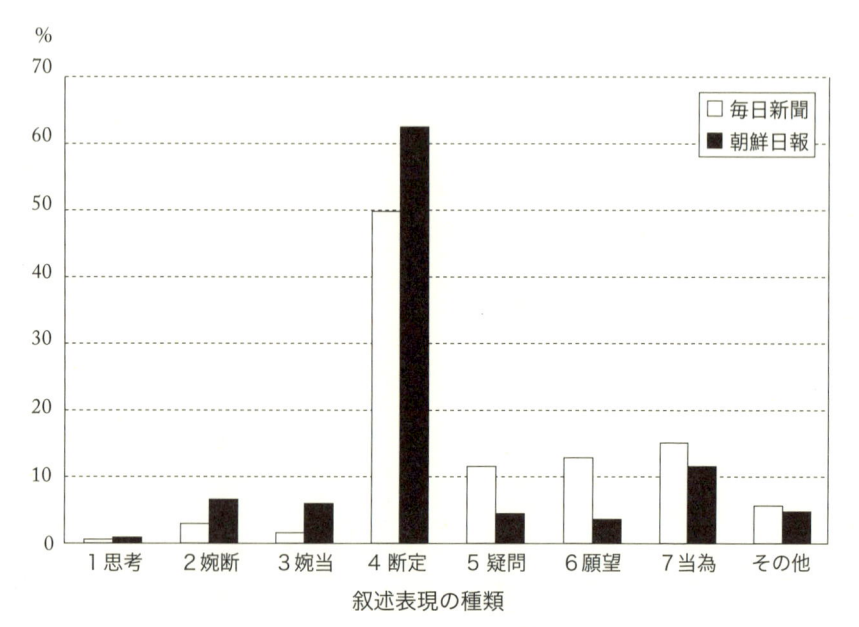

〈グラフ3-5〉 主題文の叙述表現の使用傾向（2）

〈表3–5〉〈グラフ3–5〉から分かるように、資料①の分析結果と同様に、資料②の分析結果でも、韓日両言語ともに「断定」の表現が最も多く用いられていることが分かる(『毎日新聞』：199例中99例(49.74％)、『朝鮮日報』：289例中180例(62.28％))。特に、韓国語の『朝鮮日報』にその傾向が顕著に見られる。「断定」の次に多く見られる叙述表現としては、日本語は「当為」表現(30例(15.07％))、「願望」表現(26例(13.06％))の順になっており、韓国語は「当為」表現(33例(11.41％))、「婉断」表現(19例(6.57％))の順になっている。

　以上から、社説における主題文の叙述表現には、ジャンルの性格上、言い切りの「断定」表現が多く使われる。特に、韓国語においては、その傾向が顕著に見られる。また、主題文になりやすい叙述表現として挙げられる叙述表現は、韓日ともに、「断定」「願望」「当為」の表現であることが明らかになった。しかし、同じ言語でも、新聞社によって違いが見られる項目もあることから、今後さらに検討していく必要があるだろう。

3.8　本章のまとめ

本章では、韓日の新聞社説の文章のマクロ構造の特徴を探るために、これまでの単独の分析観点からの分析方法には限界があることを指摘しつつ、それを解消する形で、文章構造を把握するのに有効的であると考えられる3つの分析観点を複合したより精緻な分析方法で、韓日の新聞社説の文章のマクロ構造を比較対照した。また、マクロの文章構造における「主題文」の叙述表現の使用傾向についても探った。

　その結果、韓日の新聞社説には、文章のマクロ構造、及び、主題文の叙述表現の使用傾向において、以下のような4つの特徴があることを明らかにした。ここにその結果をまとめておくことにする。

1　韓日の新聞社説は、主題文が文章の後部にくるものが多い。
2　特に、日本語の社説の文章においては、大部分が後部に主題文を持つ。

3 韓国語の社説の特徴としては、文章の1カ所に主題文が現れるのではなく、文章の前部、中部、後部など、2カ所以上に位置する文章が日本語の文章に比べて多い。
4 社説における主題文の叙述表現には、ジャンルの性格上、言い切りの「断定」表現が多く使われる。特に、韓国語においては、その傾向が顕著に見られる。また、主題文になりやすい叙述表現として挙げられる叙述表現は、韓日ともに、「断定」「願望」「当為」の表現であることが明らかになった。

1～3のような結果は、日本語と韓国語は、統語面では非常に類似しているとよくいわれるが、韓日の新聞社説の文章における文章構造には違いが見られることを示したものである。韓日両言語の社説では、期待される（良しとする、望ましいとされる）文章の型に違いがあることを示唆したものでもある。このことは、全国紙である両紙が広範な読み手を想定して書かれている点を考慮に入れて考えると、韓日両言語の社説においては、期待される（良しとされる、あるいは望ましいとされる）文章の型に違いがあること、言い換えれば、主張のストラテジーに違いのあることを示唆したものであるといえよう。

このような対照言語学的立場からそれぞれの言語の文章構造の特徴を明らかにしていくことは、文章を効率よく理解させるために、また、異なる言語文化間のコミュニケーションを円滑に展開させるために有効であると考えられる。だが、対照言語学的観点からそれぞれの言語の文章構造の特徴を述べているものは、まだ数少ない。また、文章の大きな特徴として、書き手の個性やジャンルの性格により、様々な文章構造のパターンが考えられる。これらは、実際の様々なジャンルの文章を様々な観点から分析するという作業を重ねることによって、次第に、あるジャンルの文章の構造が明らかになり、またこのことは効率の良い文章の理解方法につながると考えられる。

さらに、国語教育と日本語教育の現場で役立つ文章構造の研究のためにも、分析方法にいろいろな工夫が必要となる。なお、本研究では、文章の重

要な構成要素の1つである「段落」を書き手による改行のある「形式段落」に基づいて区分した。しかし、内容上のひとまとまりとしての「文段」についても検討すべきであろう。今後の課題としたい。さらに、上記のような文章構造研究を進めると同時に、実際の作文や読解において生じる母語話者と学習者間の何らかのずれやそのずれの要因などを文章・談話レベルで明らかにしていくことにより、教育的な立場にも役立つものになると考える。これも、今後の課題である。

　また、特定の言語文化における文章作成過程のメカニズムを把握するためには、マクロ的な観点からの文章構造研究のみならず、文相互、もしくは、文の配列、つまり、文章の展開パターンをミクロ的な観点から把握する必要もあるだろう。文章のミクロ構造を把握することは、文章がどのような展開によって構造を形成するかを把握するためにも非常に重要であると考えられる。そこで、次章では、文章展開の観点から、韓日の新聞社説のミクロ構造を比較対照することにする。

注

1　主観修飾語の詳細については、後述する。
2　例(6)は、厳密に言えば、2つの文からなっている。ここで指す例(6)とは、主に、後ろの文、つまり、「02年度の労災認定件数である。」である。
3　この指摘は、『国語教育研究大辞典』(1988)の佐久間まゆみ氏によるものである。
4　メイナード(1997)は、「文章構造」を「談話構成」と呼んでいる。
5　高崎(1986)の「枠組みを示す語句」とは、「単に前の内容と関連するだけでなく、それらを要約、パラフレイズ、または抽象化し、あるいは命名する、等々の働き」(高崎1986:54)をする語句である。
6　立川(1997)にいう「中核文」とは、「文段を統括する意味内容を持つ一文であり、文章の意味的指標ないし形態的指標から読み手が客観的に認定していく文」(p.77)で、「トピックセンテンスのようなパラグラフの中心内容を示す文」(p.74)であるとしている。また、「英文のトピックセンテンスや日本語の中心文とは若干異なる概念である」(p.64)としている。

7　『日本語百科大事典』(1988)の菅野謙編によるものである。
8　『日本語百科大事典』(1988)の菅野謙編によるものである。
9　『国語教育研究大辞典』(1988:755)の大西道雄氏によるものである。
10　これについては、筆者自身が新聞社に直接問い合わせをし、その旨を確認している。
11　文章の種類によっては、見出しがある場合とない場合とがあるが、社説の文章には見出しが付けられているため、見出しの反復が重要な手がかりになると考えられる。
12　叙述表現は、「重文」についても、検討しなければならないとは思うが、韓日では、重文の使われる数が異なる傾向があるため、ここでは、主文末のみを対象とすることにした。
13　佐久間(1984)の文の「話題」とは、「表現素材が何らかの言語形態を伴って表現されたもの」である。その典型的なものは、係助詞「は」による表現であるとしている。
14　『天声人語』には見出しがないことによると考えられる。
15　これについては、西田(1980:592–593)を参照されたい。

第4章　韓日の新聞社説の文章の
　　　　　ミクロ構造

4.1　はじめに

　第3章では、韓日の新聞社説の文章のマクロ構造の特徴について述べた。その結果、韓日間の新聞社説におけるマクロ構造には違いがあることが明らかになった。

　本章では、マクロ的な文章構造研究に加えて、文章のミクロ構造、即ち、文章が展開される過程について探ることにする。文章は、内容上統一されたいくつかの文が集まって構成されることから、「文」は文章を構成する際の重要な構成要素であるといえる。文に着目して、韓日の文章のミクロ構造の特徴を明らかにすることにする。

　文章のミクロ構造を明らかにするためには、第2章で述べた「連接論」と「連鎖論」を援用する。同時に、文の相互関係や文の文章全体における流れを明らかにするためには、文における「文の機能」を明らかにする必要があると考える。

　次節では、主に「文の機能」に関する先行研究を概観するとともに、本研究の立場について述べることにする。なお、ここでは、ミクロ構造の分析に援用する「連接論」と「連鎖論」については、第2章で述べたため、触れない。

4.2 文の機能に関する先行研究と本研究の立場

4.2.1 文の機能に関する先行研究

「文の機能」の分類について、先行研究では、①「意見」や「事実」などに分けたり(市川 1978、メイナード 1997、李 2004 など)、②「話題」、「説明」、「解説」、「評価」、「主張」などに分けたり(相原 1984、土部 1990、木戸 1992、李 2004 など)することが多い。①の「意見」、「事実」などの分類は、叙述方法による分類であり、②の「話題」、「説明」、「主張」などの分類は、文脈展開内容による分類であると考えられる。ここでいう「叙述方法」とは、ある事実についてありのまま記述するか、書き手の意見を述べるか、あるいは、読み手に働きかけるか、のような書き手の表現態度のことを指す。また、「文脈展開内容」とは、文章を組み立てていく中で、文がどのような表現内容によって構成されるかということを示す。例えば、話題提示なのか、提示した話題についての説明なのか、話題についての書き手の評価・主張なのか、主張したことについての根拠説明なのか、などである。以下、文の機能分類に関する先行研究を概観することにする。

書き手は、読み手に自分の考えを伝えるために、様々な叙述方法を用いて文章を展開する。日本語の叙述方法の特徴をとらえる方法としては、文末表現の形態に着目した研究が多い(市川 1978、永野 1986、野村 1990、伊藤 1996、メイナード 1997 など)。文末表現には書き手の表現意図が現れる(永野 1986、野村 1990、木戸 1992 など)ことによるものであろう。これは韓国語の文章においても同様である。以下、市川(1978)、永野(1986)、野村(1990)、伊藤(1996)、メイナード(1997)の研究について、順に見ていくことにする。なお、これらの研究においては、「文の機能」という用語は用いられていない。

以下の先行研究は、市川(1978)と伊藤(1996)を除き、文の機能を主に文末表現の形態面を重視して、文の叙述方法を分類している研究である。市川(1978)では、文を内容の質的相違によって、1)「事実を述べた文」、2)「見解を述べた文」、3)「事実と見解を交えた文」とに 3 分類している。永野(1986)

は、文の陳述方法には「客体的事象の叙述」・「主体的立場の陳述」・「読み手への働きかけ」の3種類があると指摘する。野村(1990)は、文を「客体的表現」「主体的表現」「通達的表現」に3分類している。伊藤(1996)は、永野の3分類を、「A. 客体的表現」「B. 主体的表現」「C. 伝達的表現」と名称を改め、永野の言語形式を重視する文末述部の分類に加えて、文末表現の表す意味の面も考慮に入れ、文末述部を細分している。メイナード(1997)では、文の種類を「記述文(非コメント文)」と「意見文(コメント文)」の2種類に大別している。

次に、文の機能を文脈展開内容の面から述べる研究を挙げる。ただし、研究としてはあまり多くなく、それに関連する内容を述べているものとして、土部(1990)、木戸(1992)がある。土部(1990:8)は、「「論説文」や「評論文」の基本的な表現機能は、定立した見解の正当性を「論証」するところにあるが、その論証過程で、事実についての「記述」や「説明」が前提になる、という場合が少なくない」という。また、木戸(1992)は、文の機能を「主張」「評価」「理由」「根拠」「解説」「報告」に6分類できるとしている。

4.2.2 文の機能に関する本研究の立場

前節では、文の機能分類に関する先行研究を概観したが、文の機能を分類するに当たって、主に、文の形式面、特に叙述表現を指標とした叙述方法の観点から文の機能を分類していることが特徴であるといえる。しかし、文の機能分類においては、叙述方法、あるいは文脈展開内容といった一極面からの分類の仕方より、双方の面からの分類がより有効であると考える。なぜなら、両者はひき離すことのできない隣り合わせの性格を持っているためである。例えば、1つの文の中には、文脈展開内容(話題を提示するか、説明するか、主張するかなど)があり、その話題提示、あるいは、説明が、ありのままの事実を客観的に述べられているか、書き手の意見を含めて述べられているか、などの叙述方法がある。言い換えれば、文章を書くという作業において、書き手は自分の意見を述べるために、まず、話題を記述し、その話題について、いろいろな角度から説明をすることが基本前提になる(文脈展

開内容)。同時に、話題の提示や説明をする際には、文章のジャンル、書き手、あるいは言語によって、その表し方(叙述方法)に違いがあるように思われる。次の例から見てみよう。

(1) 小泉純一郎首相は31日、ロシアのサンクトペテルブルクで中国の胡錦涛国家主席と初めて会談した。
(2) 北朝鮮が明言した核開発に対し、両首脳は直接会って核保有を認めないことで一致した。
(3) 企業が社員を解雇する際の基準となる「解雇ルール」をめぐり、与野党による労働基準法改正案の修正協議がまとまった。
(4) 4日の衆院厚生労働委員会で採決される。

(1)と(2)は、永野(1986)、野村(1990)の「叙述方法」の分類に従うと、ともに「客体的表現」として分類される。しかし、この2文には「文脈展開内容」に違いが認められる。即ち、(1)は小泉首相と胡錦涛主席が会談したことを話題として提示している。しかし、(2)は「北朝鮮が明言した核開発に対し、両首脳は直接会って核保有を認めないことで一致した」と具体的に会談の内容を説明している。また、(3)と(4)も、永野(1986)、野村(1990)の「叙述方法」の分類に従うと、ともに「客体的表現」として分類される。しかし、この2文にも「文脈展開内容」に違いが認められる。即ち、(3)は「〜修正協議がまとまった」という事実を話題として示しているが、(4)はその修正協議が「4日の衆院厚生労働委員会で採決される」という表現で(3)で示した話題に対する補助的な説明をしている。

このように、文には同じ叙述方法が使われていても、文脈展開内容には違いが見られる場合が多く存在する。そこで、本研究では、叙述方法と文脈展開内容の両面から「文の機能」を分類し、文と文との相互関係と文の全体的な流れの様相について探ることにする。本研究における文の機能分類についての詳細は、4.3.1節で提示することにする。次節では、以上の先行研究を踏まえて、本研究における研究課題を提示する。

4.2.3　研究課題
前節で述べた本研究における文の機能分類に関する立場を踏まえ、以下2つの研究課題を設定する。

研究課題1：文章が展開される過程において、文と文とはどのような相互関係を持って構成されるか。また、韓日両言語の間には、文の相互関係において、どのような違いが見られるか。

研究課題2：韓日両言語においては、文章が展開される過程で、書き手の基調とする表現意図はどのような流れで配列されるか。

4.2.4　分析方法
第3章の文章のマクロ構造の研究結果から、韓日の新聞社説の文章は、特に文章の前半部分において表現上に何らかの違いがあることが示唆された。市川(1971:336)によれば、文章の「書き出しは以下に述べる表現全体を導き、文章全体の調子にも影響する」という。市川(1971)の指摘のように、書き出し文(第1文)は文章全体の展開において何らかの影響を与えることは確かであろう。また、第1文は特に第2文に最も大きな何らかの影響を与えるだろうことが予想される。なぜなら、第1文で示す表現内容や叙述方法によって、第2文の表現内容や叙述方法が左右されることが多いだろうと予測されるためである。

　そこで、本研究では、文章のマクロ構造研究において、文章の前部に韓日間で顕著な相違点が見られたことから、研究課題1については、文章の前半の一部、ここでは第1文と第2文に絞り、韓日の新聞社説の文章展開の方法の異同について、文と文との相互関係の面から調べる。

　佐久間(1995)は、段[1]の統括機能の種類によって、中心文を「①話題文、②結論文、③概要文、④その他」に分類し、「①話題文」とは、文章の段頭・冒頭に多いとする。この指摘から、第1文と第2文は、文章の冒頭部の段頭になり得るもので、段を形成する可能性が高いと予測される。本研究は、冒頭部の文が後続する文にどのような影響を与えるかを見る入り口の研

究として位置づけられよう。しかし、第1文と第2文に絞って分析することには、問題点が残る。それは、韓日両言語では、1文の長さや形式段落の数などに違いが見られ、一元的に処理することに限界がある点である。

　文と文の相互関係(連接関係)に関する先行研究では、文の連接類型として、「①順接型、②逆接型、③添加型、④対比型、⑤転換型、⑥同列型、⑦補足型、⑧連鎖型」(市川1978)、「①順接型、②逆接型、③添加型、④対比型、⑤同列型、⑥転換型、⑦補足型」(佐久間1990)などがあると指摘される。このような研究は、文と文との相互関係を、指示語や接続詞の言語形式を指標として、文と文とがどのようなつながりによって展開されるかを扱う研究(市川1978、永野1986、佐久間1983)である。文の連接関係を把握するためには、上記のような立場に立って、文と文との相互関係を見ることも必要であるが、文章における意味内容面上の相互関係についても明らかにする必要があると考えられる。即ち、文脈展開内容や叙述方法の面からみた文と文との相互関係である。本研究では、韓日の新聞社説における文と文との相互関係を比較対照するために、叙述方法や文脈展開内容面に着目して、文の機能を分類し、その文の機能が隣接する文(ここでは第1文と第2文)において、どのような影響を与えるかを把握し、文の連接関係を述べる。

　次に、研究課題2の文の流れ(配列)の様相については、永野(1986)の連鎖の観点が、文章展開を把握するための重要な分析方法になると考えられる。しかし、永野(1986)の分析観点は、言語形式を指標とするあまり、テキスト全体の言語表現の意味の多様性についてはあまり触れていない。一方、市川(1978)では、文末表現の形態、及び、文の内容の質的相違によって文の展開が解明できるとしている。しかし、具体的な分析は見られない。また、木戸(1992)では、「文の機能」を6種に分類して、6種の文の機能の中で、「主張」が文章全体を統括するという立場から、「主張」の文章中の位置により文章構造を判定している。しかし、木戸(1992)では、文章のマクロ構造を把握するための手がかりとして文の機能が用いられているものの、文の機能の全体的な流れについての言及は見られない。また、文の配列の様相に関する研究には、永野、市川の他にも、森岡(1963)などが見られる。

森岡(1963)は、「コンポジション(文章構成法)」の見地から、文章の主題の展開を支えるための材料の配列法を挙げている。「時間的順序」「空間的順序」「一般から特殊へ」「特殊から一般へ」「原因から結果へ」「結果から原因へ」「クライマックス(漸層法)」「既知から未知へ」「問題解決順」「重要さの順序」「動機づけの順序」などが、それである。

本研究では、以上の先行研究を踏まえ、韓日の文の全体的な流れ、つまり、韓日の文章のミクロ構造の様相の把握を試みる。そのために、特に、本研究では、市川(1978)の「文の配列的観点」からの文章展開研究を参考にし、文章における主な文の機能を分類し、書き手の表現意図がどのような配列を持って展開されるかを把握することにする。そして、「文の機能」の全体的な流れの様相から文章の展開パターンを韓日対照することにする。この研究は、第3章で報告した文章のマクロ構造分析の支えになる研究として位置づけられるものでもある。

なお、本研究では、文全体における機能の流れの様相を述べる際に、文章を3つに分けて、それぞれの部分の特徴を把握するが、ここでは、韓日両言語では、書き手の意図がどのような表現を基調として展開されているかを比較対照する。これは、韓日両言語間の第1文と第2文の叙述方法の違いが文章全体においてどのような影響を与えるかを把握するための研究であるともいえよう。

4.3　本研究における文の機能分類

文の機能は、「叙述方法」という言語形式面と「文脈展開内容」という内容面から分類できると考えられる。以下、本研究における文の機能の分類について順に見ていく。

4.3.1　叙述方法の面から

永野(1986)や野村(1990)は、文末表現の形式面を重視し、叙述方法の観点から、文を「客体的表現」「主体的表現」「通達的表現」[2]に3分類してい

る。しかし、文末表現の観点のみでは、叙述方法を正確にとらえきれないと考える。それは文末表現以外の表現、つまり、主観修飾語にも書き手の表現意図が現れることが多いためである。ここに、その例を示す[3]。

① この法案は憲法と自衛隊の運用とのかかわりで重要な問題を含んでいる。
② 한보정국에 밀려 큰 관심을 끌지는 못했으나 대법원은 그저께 매우 중요한 판결 하나를 내렸다.（韓寶政局に押され大きな関心を引くことはなかったが、大法院は一昨日とても重要な判決を1つ下した。）
　（下線部の＿＿＿は叙述表現を、＿＿＿は主観修飾語を表したものである）

①～②の叙述表現の表現形式は、いわゆる「客体的表現」あるいは「事実」を表す表現である。しかし、例①と例②は、叙述表現を支える修飾語に書き手の評価が加わることにより、書き手の気持ちや主観が現れている。例えば、①は法案について、「重要な問題を含んでいる」という表現で書き手の評価が示されている。そして②も「매우 중요한（とても重要な）」によって書き手の評価が表されていると判断できる。

　そこで、本研究では、韓日両言語の叙述方法の特徴をとらえるために、文末表現[4]の形態面の分析とともに、主観を表す修飾語の観点も加えて分析を行うことにする。本研究では、叙述方法による文の機能の分類において、先行研究の永野(1986)、野村(1990)の分類に従うが、主観を表す「主観修飾語」も分析観点に入れて分析するために、永野(1986)、野村(1990)の分類に修正を加え、大きく「A.客体的表現」「B.主体的表現」「C.主観的表現[5]」「D.伝達的表現」に分けて分析することにする。本研究で、永野(1986)、野村(1990)の分類、即ち、「客体的表現」「主体的表現」「通達的表現」に修正を加えている点は、主観修飾語の観点を取り入れた「B.主体的表現」の追加になる。なお、本研究の「A.客体的表現」は永野(1986)、野村(1990)にいう「客体的表現」に、「C.主観的表現」は「主体的表現」に、「D.伝達的表現」は「通達的表現」に相当する。以下、本研究における文の

機能の分類方法について詳述する。

[A. 客体的表現]
「A. 客体的表現」とは、文末表現の形態が「テイル」「タ」「トイウ」などであり、文中に主観を表す修飾語などが存在しない場合である。以下、その例を示す。(下線部＿＿＿は客体的表現を示す。)

(1) 小泉純一郎首相は 31 日、ロシアのサンクトペテルブルクで中国の胡錦濤国家主席と初めて会談した。
(2) 7月8日に決定する。
(3) 김진표 경제부총리가 "1가구 1주택에도 양도소득세를 부과하는 방안을 공론화하겠다"고 밝혔다.
(金振杓経済副首相が「1世帯1住宅にも譲渡所得税を賦課する方案を公論化する」と明らかにした。)
(4) 노무현 대통령은 어제 자신의 일본 방문을 결산하는 기자간담회에서 "착잡하다"는 말로 심정을 표현했다.
(盧武鉉大統領は昨日、自分の日本訪問を締めくくる記者懇談会で、「複雑な心境だ」という言葉で心境を表現した。)

[B. 主体的表現]
「B. 主体的表現」とは、文末表現の形態が「A. 客体的表現」と同様、「テイル」「タ」「トイウ」などであるが、「A. 客体的表現」との違いは、文中に主観を表す修飾語が存在する点である。以下にその例を示す。(下線部＿＿＿は主体的表現を、～～～は主観修飾語を表す。)

(5) どんな理屈を言われても、納得できないことがある。
(6) 日本にとって望ましい国益にサミットを活用するために、建設的な外交戦略を練り上げることが今ほど重要なときはない。

（7） 오는 6일에서 9일까지로 예정된 노무현 대통령의 일본 방문이 벌써부터 유쾌하지 못한 논란들 때문에 삐그덕거리고 있다.
（今月6日から9日までに予定されている盧武鉉（ノ・ムヒョン）大統領の日本訪問が、早くから愉快とはいえない論難のためにギクシャクしている。）

（8） 그런데도 정부는 사죄는커녕 "금융환경이 악화된 것을 감안하면 상당히 성공적인 협상결과…"라고 스스로를 추켜올리는 우스꽝스러운 모습을 연출하고 있다.
（にもかかわらず、政府は謝罪どころか、「金融環境が悪化したことを考えれば、交渉結果は満足できる…」と手前味噌を並べるなど、滑稽な光景を演出している。）

[C. 主観的表現]

「C. 主観的表現」とは、文末表現に「ベキダ」「ナケレバナラナイ」「必要ダ」などのように、書き手の意見が現れる場合を示す。なお、ここでは、文中に主観を表す修飾語があってもなくても、文末表現に書き手の意見が述べられている場合は、ここに含めることにする。なお、永野(1986)は、文末表現の形式面を重視しているため、(9)のような形容詞で終わる例文は「客体的表現」として分類している。しかし、伊藤(1996)でも指摘するように、性状規定表現、例えば、「嘘だ」、「ふさわしい」「喜ばしい」などの表現には書き手の主観が十分に現れていると考えられる。本研究では、これらの「性状規定表現」を「客体的表現」と区別して、「主観的表現」として分類することにする。以下、本研究における「C. 主観的表現」の例を示す。（下線部 ＿＿＿ は主観的表現を、～～～ は主観修飾語を示す。）

（9） 交通事故死者数が低減したことは喜ばしい。
（10） ものづくりが国を支える背骨との認識からだ。
（11） 최근 들어 거의 매일같이 벌이지고 있는 북한 어선들의 서해 북방한계선(NLL) 침범은 즉각 중단되어야 한다.

（最近に入ってほとんど毎日のように行われている北朝鮮漁船の西海・北方限界線(NLL)侵犯は、即刻中断しなければならない。）

(12) 결론부터 말해 대통령의 형과 후원회장을 지낸 인사의 석연치 않은 부동산 거래에 대해 언론이 의문을 제기하는 것은 언론 고유의 사명이자 당연한 일이다.
（結論からいうと、大統領の兄と後援会長を務めた人物の釈然としない不動産取引に対しマスコミが疑問を提起するのは、言論固有の使命であり当然のことだ。）

[D. 伝達的表現]
「D. 伝達的表現」とは、文末表現が「テホシイ」「デハナイカ」など、書き手の読み手への働きかけの表現が現れる場合である。なお、ここでは、文中の主観修飾語の有無を問わない。以下、その例を示す。（下線部＿＿＿は伝達的表現を示す。）

(13) 小泉純一郎首相との会談では、韓日がより近くて信頼し合える関係を築くことを確認し、北朝鮮に共同でどう対応するのか、忌憚(きたん)なく話し合ってほしい。
(14) 復興に何が必要で、現地の状況がどうなっているのか、政府は十分つかんでいるだろうか。
(15) 자기 직원들에게도 영(令)이 서지 않는 상태에서 무엇을 할 수 있겠는가.
（自分の職員らにも"令"が立たない状態で何ができるのだろうか。）
(16) 청와대는 모든 문제의 속사정까지 완전히 다 털어놓고 국민의 이해를 구한 다음 국정으로 돌아가기를 바란다.（大統領府はすべての問題の内情まで完全に公開し、国民の理解を求めた後、国政に専念することを願う。）

4.3.2 文脈展開内容の面から

本研究では、文の機能を文脈展開内容面から分析するに当たり、土部(1990)と佐久間(1995)の指摘を参考にしている。つまり、土部(1990)は、前述のように、「「論説文」や「評論文」の基本的な表現機能は、定立した見解の正当性を「論証」するところにあるが、その論証過程で、事実についての「記述」や「説明」が前提になる、という場合が少なくない」と指摘する。また、佐久間(1995)は、統括機能の種類によって、「中心文」の種類を「話題文」〈話題提示、課題導入、情報出典、場面設定、意図提示〉、「結論文」〈結論表明、問題提起、提案要望、意見主張、評価批評、解答説明〉、「概要文」〈概略要約、主題引用〉、「その他」〈前提設定、補足追加、承前起後、展開予告〉のように分類している。

本研究では、これらの知見を参考に、文の機能を、大きく「1. 話題提示」「2. 説明：①補助、②詳述、③根拠」「3. 評価」「4. 主張」に分けて分析する。以下、これらの項目について詳述する。

[1. 話題提示]
「1. 話題提示」とは、以下に述べる事柄を話題として取り上げることをいう。「1. 話題提示」には、「話題提示のみ」の文脈展開内容を持つ場合(上記の例文(1)、(3)、(4)がこれに相当する)と、「話題提示」に他の文脈展開内容(例えば、説明、評価、主張)を加える場合(上記の例文(7)、(9)、(11)、(13)などがこれに相当する。)とがある。なお、叙述方法が「客体的表現」である場合の「話題提示」は、「話題提示のみ」になりやすく、叙述表現が「客体的表現」以外の場合は、「話題提示＋他の文脈展開内容」になりやすいといえよう。以下、「1. 話題提示」の例を示すことにする。

(17) 「今後の初等中等教育改革の推進方策」についての中央教育審議会の審議が本格的に始まった。

(18) 裁判官、検察官、弁護士の法曹を養成する新しい教育機関、法科大学院(ロースクール)の設置認可申請の受け付けが文部科学省で始まっ

第 4 章　韓日の新聞社説の文章のミクロ構造　137

た。
(19) 이기명씨의 경기도 용인 땅을 매입하기로 했던 사람은 기업인 강금원씨로 밝혀졌고, 강씨는 이 계약이 파기된 지금 "대통령 옆에 이기명씨 같은 사람이 있어 문제"라고 비난했다고 한다.
（李基明氏の京畿道・龍仁市の土地を買収しようとした人物は、企業家のカン・グムウォン氏であることが明らかになり、カン氏はこの契約が破棄された今、「大統領の横に李基明氏のような人がいるから問題」と批判したという。）
(20) 엊그제 25세와 26세의 청년 두 명에게 납치된 여대생이 죽임을 당한 장소는 한강 강변북로 갓길에서였다.
（先日、25歳と26歳の男2人に誘拐された女子大生が殺害された場所は、漢江・江辺北路の路肩だった。）
(21) 交通事故死者数が低減したことは喜ばしい。
(22) 日本経済が1980年代に世界のトップに立てたのは、自動車や電機など製造業ががんばったからだ。
(23) 우리 사회 각 분야에서 "세금 깎아달라"는 요구가 쏟아져 나오고, 정치권과 정부까지 이런 이익단체들의 요구에 장단을 맞춰 인심쓸 궁리만 하고 있으니 나라 살림이 걱정스럽다.
（韓国社会の各分野から「税金削減」を求める声が殺到し、政治界や政府までこれら利益団体の要求に歩調を合わせ、人気取りに躍起になっており、国の台所事情を心配せざるを得ない。）
(24) 조흥은행 노조가 오는 25일부터 무기한 총파업 돌입을 선언하면서 은행 전산시스템 가동도 완전 중단하겠다고 위협한 것은 고객에 대한 폭력행사와 다름이 없다.
（朝興銀行の労組が25日から無期限ストに突入すると宣言し、銀行の電算システムの稼働まで中断すると脅威しているのは、顧客に対する暴力行使にほかならない。）

(17)～(20)は、叙述方法が「A．客体的表現」になっており、文脈展開内容

が「話題提示」のみを提示した例である。一方、(21)〜(24)は、叙述方法が「C.主観的表現」になっており、文脈展開内容が「話題提示」をするとともに、書き手の「評価」や「主張」などが述べられている例である。即ち、「話題提示＋他の文脈展開内容(評価・主張)」の例である。

[2. 説明：①補助、②詳述、③根拠]
「2. 説明」とは、提示した話題あるいは意見について、何らかの解釈をすることを示す。ただし、説明の内容にはいろいろなものが存在し得る。例えば、提示した話題について補足説明をする場合と、提示した話題について具体的な内容を説明する場合と、意見を述べたことについて理由を説明する場合とが考えられる。

　そこで、本研究では、「2. 説明」の内容を大別して、「①補助」、「②詳述」、「③根拠」に分ける。なお、「2. 説明」にも「説明のみ」を述べる場合と、「説明＋他の文脈展開内容(例えば、話題提示、評価、主張)」を述べる場合とがあると考えられる。ここでも「A.客体的表現」による「2. 説明」は「説明のみ」になりやすく、「A.客体的表現」以外による「2. 説明」は「説明＋他の文脈展開内容」になりやすいといえる。以下、順に見ていく。

〈①補助説明〉
〈①補助説明〉とは、第１文で提示した話題について、より詳しい補足の説明をするものである。以下、その具体例を示す。

(25)　政府の知的財産戦略本部が20日、今後の経済活性化の決め手ともなる「知的財産推進計画」の最終案をまとめた。7月8日に決定する。
(26)　大阪教育大付属池田小学校(大阪府池田市)で起きた児童殺傷事件からきょう8日で2年になる。亡くなった児童8人の三回忌でもある。
(27)　노동부 공무원들이 노조를 결성키로 했다는 소식에 국민들은 뒤통수를 맞은 느낌일 것이다. 노사문제를 책임지는 노동부 공무원들이 중앙부처 중 가장 먼저 노조를 만든다고 하니 울어야 할지 웃어야 할지

난감하기만 하다.
(労働部の公務員たちが労組結成を決めたとのニュースに、国民は裏をかかれた思いだろう。労使問題を担当する労働部の公務員らが中央部処(日本の省庁)の中で一番最初に労組を結成するというから、開いた口が塞がらない。)

(28) 한・미 양국이 주한미군 2사단을 한강 이남(以南)으로 옮기기로 합의한 것은 한반도의 안보 지형을 뿌리부터 바꾸는 것이나 다름없는 일이다. 지난 반세기 동안 휴전선과 인접한 경기 북부지역에 전진 배치된 미군 기지는 최전방에서부터 북한의 침입을 막겠다는 미국의 의지를 상징했다.
(韓米両国が在韓米軍2師団を漢江以南に移転することで合意したのは、韓半島の安保地形を根幹から変えるも同然だ。ここ半世紀、軍事境界線と隣接した京畿道・北部地域に前進配置された米軍基地は、最前方から朝鮮民主主義人民共和国(北朝鮮)の侵入を防ぐという米国の意志を象徴するものだった。)

下線部が「補助説明」に相当する文であるが、(25)、(26)、(28)は、叙述方法が「A. 客体的表現」になっており、〈補助説明のみ〉を表す例である。一方、(27)は「労働部の公務員らは労使問題を担当する」という〈補助説明〉を述べた後、「開いた口が塞がらない」という書き手の評価を加えている例である。即ち、「補助説明+他の文脈展開内容(評価)」の例である。

〈②詳述説明〉

〈②詳述説明〉とは、第1文で提示した話題について、具体的な内容を説明するものである。

(29) 小泉純一郎首相は31日、ロシアのサンクトペテルブルクで中国の胡錦涛国家主席と初めて会談した。北朝鮮が明言した核開発に対し、両首脳は直接会って核保有を認めないことで一致した。

(30) 政府税制調査会が 17 日、「少子・高齢社会と税制のあり方」と題する中期答申を小泉純一郎首相に提出した。10 年代半ばまでを視野に入れ、徹底した歳出削減や行政改革を断行した上で、応分の負担を求める必要があるという論理構成になっている。

(31) 최근 들어 급성장했다는 한 호텔업체가 특별세무조사를 받고서도 뒤로 추징세금 180억원 중 157억원을 깎았다 적발된 사건은 아무래도 이상하다. 검찰 구속영장을 보면 그렇게 해준 사람이 국세청 4급 공무원이고 그 대가로 5000만원을 받았다는 것인데 4급 공무원이 이런 권한을 독자적으로 행사할 수 있다는 것은 상식에 맞지 않는다.

(ここ最近、急成長したという某ホテル業者が特別税務調査を受けた後も、追徴税金 180 億ウォン中、157 億ウォンも値引きし、摘発された事件はどう見てもおかしい。検察の拘束令状を見ると、それを施した人物が国税庁 4 級の公務員で、その見返りとして 5000 万ウォンを受けたというが、4 級公務員がこのような権限を独断で行使できるというのは常識からして考えられない。)

(32) 정연주 사장 체제의 KBS가 첫 작품으로 내놓은 개편안은 시청자 위주가 아니라 특정인과 특정 집단의 색깔을 강하게 드러내고 있다. 취임 후 "시청률이 떨어져도 공익성을 높이겠다" 던 공언과는 달리 2TV의 질 낮은 오락프로그램은 그대로 두고, 공공성을 우선해야 할 1TV에 정치색이 짙은 프로그램을 편성한것은 방송을 특정 정파 또는 특정 이념의 도구화하려는 게 아니냐는 우려마저 갖게 한다.

(鄭淵珠(チョン・ヨンジュ)社長体制後の初作品として打ち出された再編案は、視聴者中心ではなく、特定人物と特定集団の色を強く押し出したものだった。就任後、鄭社長は「視聴率が落ちても公益性を高めるつもり」と公言したが、それとは裏腹に、第 2 テレビの下品なバラエティー番組はそのままに、公共性の優先されるべき第 1 テレビに「政治色の濃い番組」を編成したのは、放送を特定政派または特定理念の道具にしようとしているのではないかという懸念を感じる。)

下線部が「詳述説明」に相当する文であるが、(29)と(30)は、叙述方法が「A.客体的表現」になっており、〈詳述説明のみ〉を表す例である。一方、(31)は、第1文で取り上げた事件についての具体的な内容を説明した後、「常識からして考えられない」という書き手の評価を加えている例である。即ち、「詳述説明＋他の文脈展開内容（評価）」の例である。また、(32)も「就任後〜編成した」とその具体的な内容を説明した後、「〜懸念を感じる」という書き手の判断が述べられている。つまり、これも「詳述説明＋他の文脈展開内容（評価）」の例である。

〈③根拠説明〉
〈③根拠説明〉とは、前に述べた意見のよりどころとなる理由を説明するものである。叙述方法としては「C.主観的表現」になることが多く、「〜カラダ」「〜タメダ」のような理由を表す表現が主である。

(33) 최근 들어 거의 매일같이 벌이지고 있는 북한 어선들의 서해 북방한계선(NLL)침범은 즉각 중단되어야 한다. 북한 어선의 잦은 도발이 자칫하면 예상치 못한 불행한 사태로 이어질 수도 있기 때문이다.
(最近に入ってほとんど毎日のように行われている北朝鮮漁船の西海・北方限界線(NLL)侵犯は、即刻中断しなければならない。北朝鮮漁船の相次ぐ挑発は、一歩間違えれば予想外の不幸な事態に発展する可能性もあるからだ。)

(34) 노무현 대통령이 어제 전국 세무관서장들에 대한 특강에서 "각 부처에 공식・비공식 개혁 주체 조직을 만들겠다"고 공언한 것은 충격적인 소식이다. 이는 결국 정부 안에 별도의 '대통령 전위 조직'이 만들어지는 것으로 될 수밖에 없으며 그 부작용이 심각할 것으로 예상되기 때문이다.
(盧武鉉(ノ・ムヒョン)大統領が昨日、全国の税務官署長を対象にした特別講義で、「各部処に公式・非公式の改革主体組織をつくる」と公言したのは、衝撃的なニュースだ。これは、即ち「政府内に別途の

<u>「大統領前衛組織」をつくる」と解釈するほかないもので、その副作用が深刻であると予想されるためだ。</u>)

下線部が「根拠説明」に相当する文であるが、(33)は第1文での「북한 어선들의 서해 북방한계선(NLL) 침범은 즉각 중단되어야 한다. (北朝鮮漁船の西海・北方限界線(NLL)侵犯は、即刻中断しなければならない)」という主張について、「～기 때문이다. (～からだ)」のような理由を表す表現で、主張したことに対する根拠を説明している例である。(34)も第1文での「～고 공언한 것은 충격적인 소식이다. (～と公言したのは、衝撃的なニュースだ。)」という評価について、「～예상되기 때문이다(～予想されるためだ)」という表現で、その根拠を説明している例である。

[3. 評価]

ここでいう「3. 評価」とは、伊藤(1996)の「性状規定表現」(例えば、喜ばしい・とんでもない)によって書き手の意見をいう場合である。なお、ここでは、「1. 話題提示＋他の文脈展開内容」、「2. 説明＋他の文脈展開内容」と区別するために、例(35)の下線部のように、他の文脈展開内容を含まない評価のみの表現を示す。

(35) 해외로 도피했던 안정남(安正男) 전 국세청장이 석 달 전 귀국해 신병 치료를 받고 있던 사실이 뒤늦게 밝혀졌다. <u>깜짝 놀랄 소식이 아닐 수 없다.</u>
(海外に逃避していた安正男元国税庁長が3カ月前に帰国し、病気の治療を受けていたという事実が分かった。<u>驚くべきニュースである。</u>)

[4. 主張]

ここでいう「4. 主張」とは、性状規定表現による書き手の意見である「3. 評価」と異なり、「ベキダ」「ナケレバナラナイ」「テホシイ」などによる書き手の意見である。なお、ここでも、「1. 話題提示＋他の文脈展開内容」、

「2. 説明＋他の文脈展開内容」と区別するために、例(36)、(37)の下線部のような、他の文脈展開内容を含めない主張のみの表現を示す。

(36)　<u>フェアでなくてはならない。</u>
(37)　<u>これでは社会保障に対する国民の不安と不信は解消できない。</u>

以上、本研究における文の機能の分類について述べたが、研究課題1、つまり、「文章が展開される過程において、文と文とはどのような相互関係を持って構成されるか。また、韓日間では、その文の相互関係において、どのような違いが見られるか。」を明らかにするために、上記の叙述方法と文脈展開内容の両面の文の機能から分析を行う。また、研究課題2、つまり、「韓日では文章が展開される過程で、書き手の基調とする表現意図はどのような流れで配列されるか。」を明らかにするために、上記の文の機能の分類に基本的に従うが、文章の3区分(3段構成)において、書き手がどのような叙述方法、つまり、表現意図を基調として文章を展開させているかを韓日両言語で対照し、その異同を浮き彫りにするために、基調とする文の機能を大きく「事実」と「意見」の2つに分けることにする。具体的には、上述の［A. 客体的表現］を「事実」に、［B. 主体的表現］［C. 主観的表現］［D. 伝達的表現］を「意見」に大別した。つまり、「事実」と「意見」に大別することで、主張のパフォーマンスにおける韓日対照がしやすくなると考えたのである。そうすることで、書き手が3区分(3段構成)された文章の全体的な流れの中で、どのように「事実描写」をし、またどのように「意見・主張」をするのかが明示できると考える。また、これは、韓日間の第1文と第2文の叙述方法の違いが文章全体においてどのような影響を与えるかを把握するための研究でもある。

　次節では、提示された文の機能分類によって分析した韓日の新聞社説の文章のミクロ構造の特徴について、その結果と考察を述べる。

4.4 分析結果と考察

4.4.1 研究課題1:第1文と第2文の連接関係

本節では、韓日の文章展開の特徴を探るために、文の機能に着目し、文と文との相互関係、つまり連接関係について、文章の冒頭部の一部、ここでは第1文と第2文に絞って分析した結果について述べる。

(1) 日本語の新聞社説の文章の場合

以下に、叙述方法と文脈展開内容の観点による日本語の第1文と第2文の分析結果を〈表4-1〉及び〈グラフ4-1〉で示す。

〈表4-1〉日本語の第1文と第2文の文脈展開内容及び叙述方法

叙述方法 \ 文脈展開内容		1 話題提示	2 説明 ①補助	2 説明 ②詳述	2 説明 ③根拠	3 評価	4 主張	合計
A 客体的表現	第1文	48(82.75)	0(0.00)	0(0.00)	0(0.00)	0(0.00)	0(0.00)	48(82.75)
	第2文	1(1.72)	23(39.65)	15(25.86)	0(0.00)	0(0.00)	0(0.00)	39(67.24)
B 主体的表現	第1文	3(5.17)	0(0.00)	0(0.00)	0(0.00)	0(0.00)	0(0.00)	3(5.17)
	第2文	1(1.72)	1(1.72)	0(0.00)	0(0.00)	0(0.00)	0(0.00)	2(3.44)
C 主観的表現	第1文	3(5.17)	0(0.00)	0(0.00)	0(0.00)	0(0.00)	4(6.89)	7(12.06)
	第2文	1(1.72)	5(8.62)	1(1.72)	1(1.72)	0(0.00)	7(12.06)	15(25.86)
D 伝達的表現	第1文	0(0.00)	0(0.00)	0(0.00)	0(0.00)	0(0.00)	0(0.00)	0(0.00)
	第2文	0(0.00)	0(0.00)	0(0.00)	0(0.00)	0(0.00)	2(3.44)	2(3.44)
合計	第1文	54(93.10)	0(0.00)	0(0.00)	0(0.00)	0(0.00)	4(6.89)	58(99.98)
	第2文	3(5.17)	29(50.00)	16(27.58)	1(1.72)	0(0.00)	9(15.51)	58(99.98)

①数字は文章数を表す。②( )内の数字は%を表す。(資料②を分析した結果)

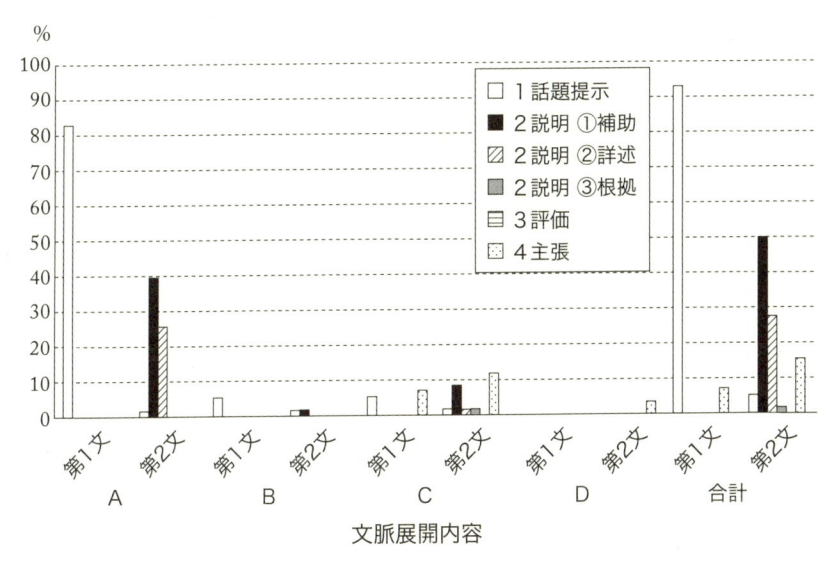

〈グラフ4-1〉 日本語の第1文と第2文の文脈展開内容
及び叙述方法

① 第1文
日本語の新聞社説の第1文は、叙述方法として、「A.客体的表現」のものが大半を占めている(58文章中48文章(82.75％))。また、文脈展開内容は、「1.話題提示」のものが大部分を占める(58文章中54文章(93.10％))。つまり、「客体的表現」による「1.話題提示」が全文章の半分以上を占めている。なお、「A.客体的表現」による「話題提示」であるため、「話題提示のみ」の文脈展開内容にとどまる傾向が見られた。

② 第2文
日本語の新聞社説の第2文も、叙述表現として、例(2)のような「A.客体的表現」のものが高い割合を占めていた(58文章中39文章(67.24％))。また、文脈展開内容は、「2.説明」を述べるものが多い(58文章中46文章(79.31％))。特に、「A.客体的表現」による「①補助説明」と「②詳述説明」が多い。なお、「説明のみ」のものがほとんどであった。

(2) 韓国語の新聞社説の文章の場合

以下に叙述方法及び文脈展開内容の観点から分析した韓国語の第1文及び第2文の分析結果を〈表4-2〉及び〈グラフ4-2〉で示す。

〈表4-2〉韓国語の第1文と第2文の文脈展開内容及び叙述方法

第1文と第2文 叙述方法	文脈内容 内容	1 話題提示	2 説明 ①補助	2 説明 ②詳述	2 説明 ③根拠	3 評価	4 主張	合計
A 客体的表現	第1文	21(26.92)	0(0.00)	0(0.00)	0(0.00)	0(0.00)	0(0.00)	21(26.92)
	第2文	0(0.00)	8(10.25)	10(12.82)	0(0.00)	0(0.00)	0(0.00)	18(23.07)
B 主体的表現	第1文	12(15.38)	0(0.00)	0(0.00)	0(0.00)	0(0.00)	0(0.00)	12(15.38)
	第2文	0(0.00)	5(6.41)	2(2.56)	0(0.00)	0(0.00)	0(0.00)	7(8.97)
C 主観的表現	第1文	45(57.69)	0(0.00)	0(0.00)	0(0.00)	0(0.00)	0(0.00)	45(57.69)
	第2文	0(0.00)	17(21.79)	9(11.53)	9(11.53)	16(20.51)	2(2.56)	53(67.94)
D 伝達的表現	第1文	0(0.00)	0(0.00)	0(0.00)	0(0.00)	0(0.00)	0(0.00)	0(0.00)
	第2文	0(0.00)	0(0.00)	0(0.00)	0(0.00)	0(0.00)	0(0.00)	0(0.00)
合計	第1文	78(100.0)	0(0.00)	0(0.00)	0(0.00)	0(0.00)	0(0.00)	78(99.99)
	第2文	0(0.00)	30(38.46)	21(26.92)	9(11.53)	16(20.51)	2(2.56)	78(99.98)

①数字は文章数を表す。②( )内の数字は%を表す。(資料②を分析した結果)

① 第1文

韓国語の新聞社説の第1文は、叙述表現として、「C.主観的表現」が多い(78文章中45文章(57.69%))。また、文脈展開内容は、「1.話題提示」のみである。韓国語では、「話題提示のみ」で1文が終わるものより、「話題提示」とともに、その話題についての書き手の意見、つまり、他の文脈展開内容(特に評価や主張)を加えて書き出す傾向が強かった。つまり、「1.話題提示＋他の文脈展開内容」という第1文の構成になっている。

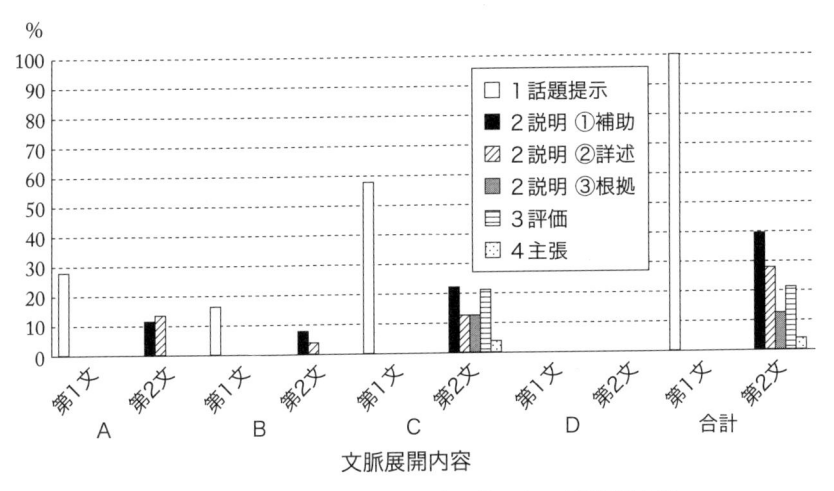

第 4 章　韓日の新聞社説の文章のミクロ構造　147

〈グラフ4-2〉　韓国語の第１文と第２文の文脈展開内容
　　　　　　　及び叙述方法

② 第２文
韓国語の新聞社説の第２文は、叙述表現として、第１文と同様に「C. 主観的表現」が多い(78文章中53文章(67.94％))。また、文脈展開内容は、日本語と同様に、「説明」が多い(78文章中60文章(76.92％))。しかし、日本語が「A. 客体的表現」による「補助説明のみ」「詳述説明のみ」が多いのに対し、韓国語は「C. 主観的表現」による「2. 説明」、つまり、「説明＋他の文脈展開内容」が多い。

　以上、韓日の新聞社説の文章のミクロ構造(展開)の特徴を対照するために、本節では、第１文と第２文に絞って文の機能の観点から分析した。その結果、第１文と第２文における韓日の新聞社説の文章のミクロ構造において違いが見られた。まず、日本語では、第１文で「A. 客体的表現」によって「1. 話題提示」をする傾向が見られた。そして、第２文では、第１文で提示した話題について、「A. 客体的表現」による「2. 説明」、特に、「①補助説明」「②詳述説明」が多かった。つまり、日本語では、第１文で「話題提示のみ」を提示して、第２文では、第１文の話題に対する「説明のみ」を

行うのが特徴である。

　一方、韓国語の新聞社説は、第1文に、「C. 主観的表現」による「1. 話題提示」が多かった。つまり、「話題提示＋他の文脈展開内容(特に評価・主張)」となっている。第2文では、「C. 主観的表現」による「2. 説明」が多かった。つまり、「説明＋他の文脈展開内容(特に評価・主張)」となっている。

　以上のことから、韓日ともに、第1文の主な文脈展開内容は「1. 話題提示」であるが、韓日では叙述方法が異なり、日本語は「A. 客体的表現」による「話題提示のみ」で書き出す傾向が強いが、韓国語は「C. 主観的表現」による「話題提示」、つまり、話題を提示するとともに、その話題に対する書き手の意見(特に、評価や主張)が述べられる傾向があることが分かった。即ち、第1文で、日本語は、事実をありのまま記述するのに対して、韓国語は、事実をありのままに記述するのに加えて、書き手のその事実に対する意見を文章の最初の段階で明確に述べるという傾向があるといえよう。

　第2文については、韓日両言語ともに、その主な文脈展開内容は「2. 説明」であるが、「2. 説明」の方法に違いがある。日本語は「A. 客体的表現」による「補助説明のみ」、「詳述説明のみ」が多かったが、韓国語は「C. 主観的表現」による「根拠説明」、「補助説明＋他の文脈展開内容」「詳述説明＋他の文脈展開内容」が多かった。

　文と文との相互関係から考えると、第2文は、第1文の文の表現に影響を受けやすいと考えられるが、日本語は、第1文で事実をありのままに記述するため、第2文に「根拠説明」は現れにくい。一方、韓国語は第1文で話題を提示するとともに、その話題に対する書き手の評価や主張を述べるため、第2文にその評価や主張のよりどころとなる「根拠説明」が現れやすいといえよう。また、日本語の第2文の特徴としては、「説明のみ」にとどめる傾向が強いが、韓国語は「説明」とともに、書き手の評価や主張を加えるという「説明＋他の文脈展開内容」のものが多い。これは韓日の1文の長さの違いに起因すると考えられる。日本語は1文の長さが短く、例えば「話題提示のみ」「説明のみ」が多いが、韓国語は1文の長さが長く、例

えば「話題提示＋他の文脈展開内容」「説明＋他の文脈展開内容」が多いという特徴がある。

「「論説文」や「評論文」の基本的な表現機能は、定立した見解の正当性を「論証」するところにあるが、その論証過程で、事実についての「記述」や「説明」が前提になる、という場合が少なくない」(土部1990:8)と指摘されるように、社説(論説文)の文章は、結論(書き手の意見：主題文)を述べるために、話題を提示するとともに、その話題に関する説明をすることが基本前提になっている。

今回、韓日の新聞社説の冒頭部の機能を把握した結果、韓日の新聞社説の文章の冒頭部においての主な文の機能が、韓日ともに話題提示と説明であることが確認された。と同時に、韓日両言語間には、話題の提示の仕方や説明の仕方に違いがあることも明らかになった。つまり、文章の前部において、日本語は客観的な態度によって、話題を提示したり説明をしたりするのに対して、韓国語は話題や説明を述べるとともに、それに対する書き手の主観的な立場を文章の前部で明確に提示しているのである。

4.4.2 研究課題2：文章全体の文の配列

4.4.1節では、文章展開の過程のうち、書き出し文(第1文)と、第1文に最も影響を受けやすい第2文を対象とし、文と文との相互関係の面から韓日の文章展開の特徴を分析した。その結果、韓日間には、文章の前部の一部において、文章展開のパターンに違いがあることが明らかになった。特に、叙述方法において顕著な違いが見られた。

本節では、研究課題2を明らかにするために、韓日の新聞社説における文の配列の特徴を文の機能、特に、叙述表現の観点から調査した結果を述べる。つまり、文章を3つに分けた際のそれぞれにおける「事実」と「意見」の使用頻度を〈表4-3〉及び〈グラフ4-3〉と〈表4-4〉及び〈グラフ4-4〉に示す。なお、〈表4-3〉及び〈グラフ4-3〉は、資料①を分析した結果であり、〈表4-4〉及び〈グラフ4-4〉は、資料②を分析した結果である。

〈表4-3〉 文章の3区分における事実と意見の使用頻度

( )内の単位：％

文章の3区分 事実と意見 新聞の種類	「前」 事実	「前」 意見	「中」 事実	「中」 意見	「後」 事実	「後」 意見	合計 事実	合計 意見
朝日新聞	277 (60.61)	180 (39.38)	231 (47.33)	257 (52.66)	212 (39.25)	328 (60.74)	720 (48.48)	765 (51.51)
毎日新聞	342 (69.37)	151 (30.62)	289 (58.73)	203 (41.26)	221 (40.55)	324 (59.44)	852 (55.68)	678 (44.31)
朝鮮日報	88 (30.13)	204 (69.86)	74 (23.94)	235 (76.05)	42 (11.83)	313 (88.16)	204 (21.33)	752 (78.66)
東亜日報	147 (36.20)	259 (63.79)	137 (32.38)	286 (67.61)	77 (17.57)	361 (82.42)	361 (28.49)	906 (71.50)

(資料①を分析した結果)

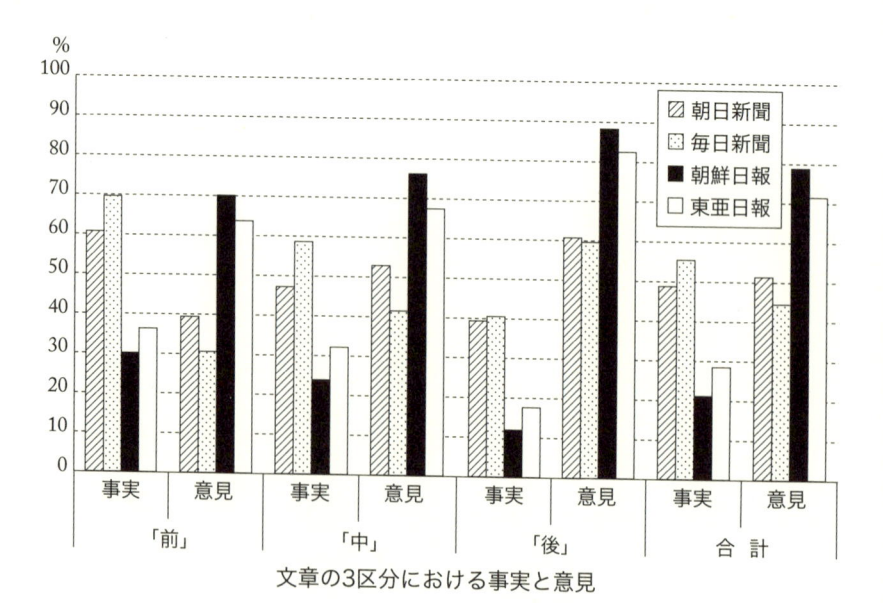

〈グラフ4-3〉 事実と意見の使用頻度（1）

〈表4-4〉事実と意見の使用頻度

( )内の単位：%

文章の3区分 新聞の種類＼事実と意見	「前」事実	「前」意見	「中」事実	「中」意見	「後」事実	「後」意見	合計事実	合計意見
毎日新聞	318 (58.99)	221 (41.00)	259 (47.09)	291 (52.90)	165 (30.10)	383 (69.89)	742 (45.32)	895 (54.67)
朝鮮日報	77 (22.51)	265 (77.48)	53 (15.54)	288 (84.45)	31 (8.98)	314 (91.01)	161 (15.66)	867 (84.33)

(資料②を分析した結果)

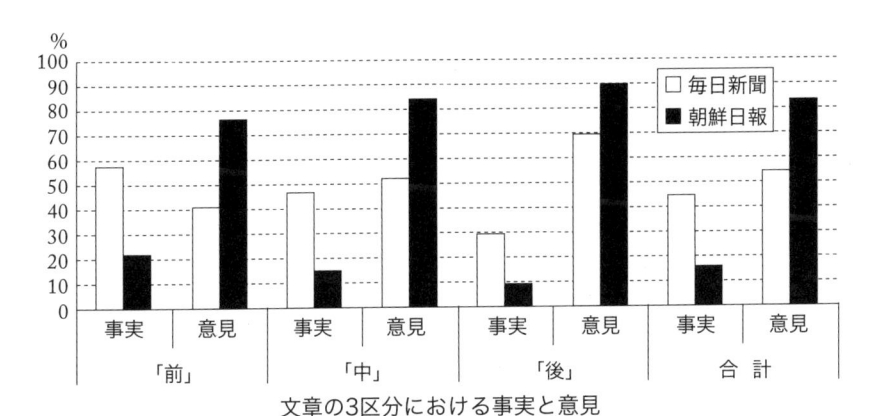

〈グラフ4-4〉 事実と意見の使用頻度（2）

〈表4-3〉及び〈グラフ4-3〉と〈表4-4〉及び〈グラフ4-4〉から分かるように、日本語の社説の文章は、前部に「事実」が多く、後部に進むにつれて、次第に「意見」が増加してくる。これに対して、韓国語の社説の文章は、前部から「意見」の出現が「事実」より多く見られ、中部、後部にも「事実」より「意見」が比較的多く用いられる傾向にある。

次に、叙述表現の全体的な流れについての分析結果を〈表4-5〉及び〈グラフ4-5〉、そして、〈表4-6〉及び〈グラフ4-6〉に示す。なお、〈表4-5〉及び〈グラフ4-5〉は、資料①を分析した結果であり、〈表4-6〉及び〈グ

〈表4-5〉叙述表現の全体的な流れ

( )内の単位：％

叙述表現の流れ＼新聞の種類	朝日新聞	毎日新聞	朝鮮日報	東亜日報
事実→事実→事実	9(19.56)	7(13.46)	1(1.72)	1(1.66)
事実→事実→意見	16(34.78)	20(38.46)	9(15.51)	6(10.00)
事実→意見→事実	2(4.34)	3(5.76)	0(0)	0(0)
事実→意見→意見	10(21.73)	14(26.92)	14(24.13)	16(26.66)
意見→事実→事実	0(0)	2(3.84)	0(0)	1(1.66)
意見→事実→意見	1(2.17)	4(7.69)	5(8.62)	7(11.66)
意見→意見→事実	2(4.34)	1(1.92)	1(1.72)	1(1.66)
意見→意見→意見	6(13.04)	1(1.92)	28(48.27)	28(46.66)
合　計	46(99.96)	52(99.97)	58(99.97)	60(99.96)

(資料①を分析した結果)

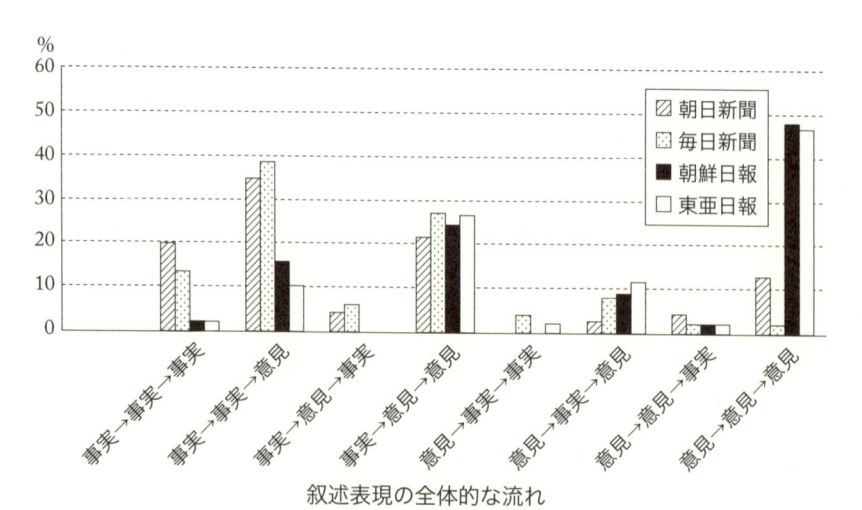

〈グラフ4-5〉 叙述表現の全体的な流れ（1）

〈表4-6〉叙述表現の全体的な流れ

( )内の単位：%

新聞の種類 叙述表現の流れ	毎日新聞	朝鮮日報
事実→事実→事実	4(6.89)	0(0)
事実→事実→意見	18(31.03)	2(2.56)
事実→意見→事実	3(5.17)	0(0)
事実→意見→意見	13(22.41)	9(11.53)
意見→事実→事実	0(0)	1(1.28)
意見→事実→意見	3(5.17)	3(3.84)
意見→意見→事実	1(1.72)	1(1.28)
意見→意見→意見	16(27.58)	62(79.48)
合　計	58(99.97)	78(99.97)

（資料②を分析した結果）

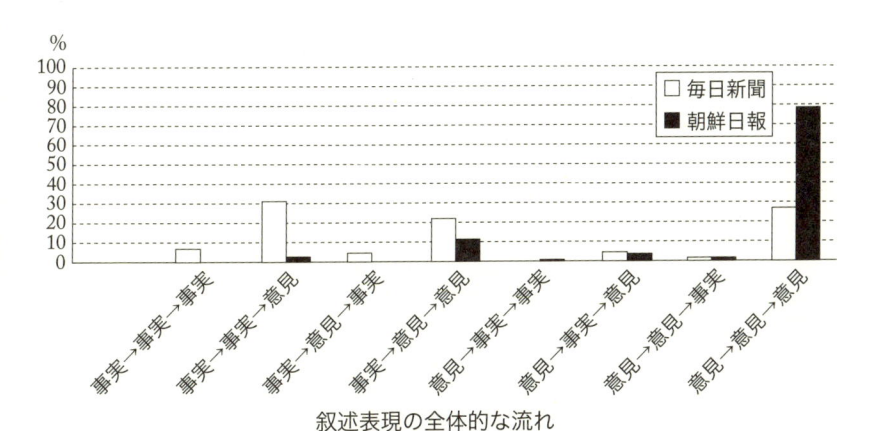

〈グラフ4-6〉　叙述表現の全体的な流れ（2）

ラフ4-6〉は、資料②を分析した結果である。
　〈表4-5〉及び〈グラフ4-5〉、そして、〈表4-6〉及び〈グラフ4-6〉から、韓日の叙述表現の全体的な流れに違いがあることが分かる。日本語の社説(資料①)においては、文章の流れが「事実→事実→意見」という流れが最も多く、次に「事実→意見→意見」が多かった。また、日本語のほうが韓国語の新聞社説に比べて「事実→事実→事実」が比較的に多かった。そして、日本語の社説(資料②)からでは、資料①と同様に、文章の流れが「事実→事実→意見」という流れが最も多く見られたが、次に多く見られた流れは、「意見→意見→意見」の流れであった。「事実→意見→意見」よりわずかではあるが、「意見→意見→意見」の流れの方が多く見られた。一方、韓国語の社説においては、資料①と資料②ともに、「意見→意見→意見」が最も多く、「事実→意見→意見」が次に多かった。また、「事実→事実→意見」と「意見→事実→意見」が次に多かった。
　以上から、日本語の社説は、文章の前部では、自分の意見よりもこれから述べようとする事柄に対する事実の報告や解説を述べ、後部に進むにつれて、自分の意見を論ずる傾向があるといえる。一方、韓国語の社説は、文章の前部・中部・後部ともに、書き手の意見がはっきりと示される傾向にあるといえよう。このことは、韓日両言語では書き手の基調とする表現意図が違う形で配列されることを意味する。このような結果は、第3章で見た見出しの反復表現・提題表現・叙述表現と主観修飾語の観点から見た文章のマクロ構造で、主題文が日本語では文章の終わりの部分「後」に位置する文章が多く、韓国語では文章の「前・後」、「前・中・後」に位置する文章が多かったことと軌を一にしている。

4.5　考察

以上、研究課題1と研究課題2を明らかにするために、文の機能を叙述方法と文脈展開内容の面から分類し、その文の機能の観点から、文と文との相互関係及び全体的な文の機能の流れの様相を探った。その結果、韓日両言語

では、社説の文章のミクロ構造（展開パターン）に相違点があることが明らかになった。

まず、研究課題1として、文と文との相互関係については、文章のマクロ構造において、韓日両言語間で顕著な違いが見られた文章の冒頭部、ここでは第1文と第2文に焦点を当てて、文相互間における連接関係を調査した。その結果、韓日両言語間には文章の冒頭部の文章展開パターンに違いがあることが分かった。日本語は、第1文で客体的な叙述方法によって「話題」を提示する傾向が強く、第2文では第1文の影響を受けて、客体的叙述方法によって、第1文で示した「話題」に関する補助的な説明、または詳述の説明をすることが多いことが分かった。一方、韓国語は、第1文で「話題」を提示することでは日本語と共通点が見られたが、その叙述方法に違いが見られ、主に「C. 主観的」「D. 伝達的」な叙述方法によって「話題」を提示している傾向が強かった。

また、第2文においても、文脈展開内容として「説明」することが多い点では、日本語と共通点が見られたが、第1文の影響から、つまり、第1文で「話題」を提示するとともに、書き手の意見、主張を述べているため、第2文では、その意見、主張のよりどころになる根拠や理由を説明する傾向が強いという点で、日本語との相違が見られた。また「説明」の叙述方法においても、主観的な表現による「説明」が多いという特徴が見られた。

次に、研究課題2を明らかにするために、文の全体的な配列方法について、1文章全体を対象として、主な文の機能の全体的な流れを調査した。結果、韓日両言語には文章の3区分において、書き手の表現意図の示し方に基調とするものが違うことが分かった。つまり、日本語は、文章が進むにつれて、だんだんと「意見」の占める度合いが高くなってくる。即ち、文章の展開において、文章の前部では「事実」を、中部では「事実」と「意見」を、文章の後部では「意見」を基調とした文章展開のパターンになる傾向が強いことが分かった。一方、韓国語は、文章の前部、中部、後部のすべてにおいて「意見」を基調とする傾向が強かった。

以上のような結果から、日本語は主張あるいは主題文へと導くための文章

展開のパターンになる傾向が強く、いわば、結論へと導くために、その根拠となる説明を少しずつ重ねて、次第に結論へと導かれる文章展開のパターンであることが分かった。一方、韓国語は、文章の前部から結論が示されることから、既に示された結論を説得するために根拠などの説明が述べられるという文章展開パターンになる傾向が強いことが分かった。

4.6 本章のまとめ

書き出し(第1文)の役割・重要性について、市川(1971:335–336)は「以下に展開する表現全体を導く。以下の内容を引き出すだけでなく、文章全体の調子にも影響する。」と述べている。また、相原(1984:141)も、「書き出しは、その筆者と読者とが初めて顔を合わせる場面であるから、その意味でも重要であろう。」と述べ、「冒頭、書き起こし[6]に課せられる使命の最大なるものは、筆者自身がこれから展開しようとする場面、あるいは論理の世界に、いかに読者を抵抗なく導き入れるか、ということにあるのではなかろうか。」(同:145)と冒頭・書き起こしの誘引性を強調している。そして、文章において冒頭・書き起こしが重視される理由として、「1. それが文章全体の性格や方向を規制する。2. 冒頭の読者に与える効果や影響が大きい。」の2点に要約されると指摘している。以上の点から、書き出し(第1文)は、文章展開を考える際に、非常に重要な役割を担っているといえよう。これらの指摘を受けて、本章では、書き出し(第1文)が文章展開に与える影響について、特に、影響が大きいだろうと予想される第2文に焦点を当てて、両者の文の相互関係について、文の機能(叙述方法や文脈展開内容)の面から調査した。

　結果、第1文の文の機能のあり方が第2文の文の機能のあり方に影響を与えることが明らかになった。と同時に、韓日両言語間には、その影響の具体的な様相に違いがあることも明らかになった。つまり、日本語は、第1文で客観的な叙述方法によって話題を提示しているため、第2文でも客観的な叙述表現によってその話題に対する説明(補助・詳述)を行う傾向が強かった。一方、韓国語は、第1文で話題を提示するとともに、その話題につい

ての書き手の意見(評価や主張)を述べているため、第2文では第1文で述べた話題とそれに対する主張を受けて、その根拠となる理由を述べたり、主観的な立場から説明(補助・詳述)をしたりする傾向が強かった。

　このことから、隣接する2文においては、特に、前の文が後続文の調子に影響を与え、次第に、文章全体の調子にも影響を与えるだろうことが示唆された。なお、文と文との連接関係を述べている先行研究の多くが、指示表現、接続表現といった言語形式面を主な指標として、文相互の関係を述べる傾向が強かった(順接型、逆接型などに分類される)。しかし、文の連接関係を説明するには、本研究のような意味面を重視した、つまり、書き手の表現意図や叙述内容を考慮に入れた分析も必要であると考えられる。特に、文章がどのような展開によって構造を形成するかを把握するには、意味面を重視して連接関係を見たほうがより有効であると考えられる。

　さらに本研究では、文章全体の文の配列のパターンを韓日対照するために、文章における文の主な機能(「事実」と「意見」)を設定し、文章の3区分における全体的な文の機能の流れを調査した。結果、日本語と韓国語では、書き手の基調とする文の機能の流れに違いがあることが明らかになった。つまり、日本語は、文章の前部では「事実」を、中部では「事実」と「意見」を、後部では「意見」を基調としている。なお、日本語の全体的な流れは「事実→事実→意見」になる傾向が強かった。即ち、日本語は、文章の前部では書き手の意見が述べられず、客観的な立場から話題を提示し、具体的な説明を述べ、次第に書き手の意見が増える傾向があるといえよう。一方、韓国語は、文章の前部、中部、後部ともに「意見」を基調としており、全体的な流れが「意見→意見→意見」になる傾向が強かった。即ち、韓国語は文章の全体において、書き手の意見がはっきりと示される傾向にあるといえよう。この結果は、文章のマクロ構造における日本語と韓国語の文章構造の結果を支えていると考えられる。

注

1 佐久間(1995)のいう「段」とは、「一段内部の文集合の核となる「中心文」が有する統括機能の及ぶ範囲(統括領域)の言語表現」と定義される。
2 永野(1986)と野村(1990)で、用語が異なる。しかし、分析方法として、文末表現の形態面の3段階に着目しているという点では共通点がある。本研究では、形態面のみならず、内容面を付け加えて分析をしているため、用語を改めることにする。
3 この例文は3.2.1節で挙げた例文と同様の文である。
4 本研究では、韓日ともに文を基本単位として考えている。韓日では、重文や複文の構造に相違が見られ、一元的に処理しにくいことから、本研究では、重文や複文を分析観点に含めずに分析をする。
5 これは、伊藤(1996)の用語を参考にしたものであるが、伊藤(1996)の分析は主観を表す修飾語などは分析観点に入れていないため、伊藤が分類するものとは異なるものである。
6 相原(1984)では「書き出し」を「書き起こし」とも呼んでいる。

第 5 章　本研究の結論と今後の課題

5.1　はじめに

文章論の中心課題は、先行研究の指摘する通り、「究極において文章の構造の解明」(永野 1986:79)にある。また、文章構造の研究の必要性について、佐久間(1999:1)は、「近年、コミュニケーション技能を重視する言語教育の動向と相俟って、文章・談話の性質・構造の解明が要請されつつある」と指摘している。これらの指摘を受け、本研究では、新聞社説の文章を対象に、韓日の文章構造の特徴を明らかにすることを目的とした。また、前述したように、『国語学研究事典』(1977:187)[1]では、「文章の構成」の項目において、「(前略)文章の冒頭や結びの段落について、主題などとの関係から構成上の意味を考えることや、クライマックス・主題文のある場所から、構成を類別することなども必要である」と、文章の特徴を把握する際の課題を指摘している。

本研究では、この指摘を参考に、実際の新聞社説の文章を用いて、文章のマクロ構造とミクロ構造の観点から、韓日の文章構造の特徴を明らかにすることにした。本研究における文章のマクロ構造の研究は、書き手の最もいいたい主張が明確に表されている「主題文」が、文章のどの位置に出現するかを把握し、文章を全体から見渡した場合の主張のストラテジーをマクロな観点から明らかにすることを主な目的としている。また、本研究における文章のミクロ構造研究では、文章を構成する際の基本的な要素である文に着目して、隣接する文が相互にどのような影響を与えるか、また、全体的にどのよ

うな配列のパターンを持って展開されるかという、文と文との相互関係や全体的な流れの様相から、文章がどのような展開によって構造を形成するかを見ることを目的としている。

　以下、本研究で行った韓日の新聞社説の文章のマクロ構造及びミクロ構造の特徴についての総合的な分析結果と考察を行うことにする。

5.2　本研究の分析結果と総合的な考察

5.2.1　韓日の新聞社説の文章のマクロ構造

まず、本節では韓日の新聞社説の文章のマクロ構造の特徴についての分析結果を述べるとともに、その結果に基づいて、韓日の主張のストラテジーと、文構造と文章構造の関連性についての考察を行うことにする。

　まず、文章のマクロ構造を明らかにするために、次の3つの研究課題を設定した。

（1）　「文章のマクロ構造」を把握するための重要な要素である「主題文」は、どのような観点から認定すると、有効であるか。（方法論研究）
（2）　韓日両言語には、社説の文章のマクロ構造にどのようなパターンの違いが見られるか。（対照研究）
（3）　韓日の新聞社説の文章の「主題文」には、どのような表現類型が見られるか。

以下、順に見ていくことにする。

（1）　「文章のマクロ構造」を把握するための重要な要素である「主題文」は、どのような観点から認定すると、有効であるか。（方法論研究）

第2章では、これまでの文章のマクロ構造研究の観点について概観するとともに、その問題点について述べた。文章のマクロ構造を説明するためには、前述のように、主題文の認定基準が重要になるが、これまで述べてきた

ように、先行研究における主題文の認定方法には、問題点が残されている。つまり、これまでの先行研究では、単独の分析方法によって、主題文を認定しており、しかも、主に、言語形式面を指標としている傾向が強かった。しかし、文章のマクロ構造をより精緻に分析するためには、単独の分析観点、及び、言語形式面のみを指標とした分析より、有効的ないくつかの観点、つまり、複合的な観点からの分析が必要であることが分かった。

　そこで、本研究では、先行研究を参考に、第3章で、単独の分析観点による文章構造研究の中で、最も有力と考えられる3つの観点、即ち、①見出しの本文中の反復表現、②叙述表現と主観修飾語、③提題表現に着目して、まず個別的に主題文の認定を試みた。しかし、このような個別的な観点、つまり、単独の分析観点からの分類のみでは、主題文の認定に困難な点が多々あることが分かった。具体的には、①の見出しの本文中の反復表現の観点のみからでは、見出しの機能が「主張表明」の場合は、見出しの本文中の反復表現が主題文の認定に有力な働きをするが、見出しの機能が「話題提示」「その他」の場合は、見出しの反復表現のみの観点からは、主題文の認定に困難が伴う。見出しの機能が「話題提示」「その他」の場合は、他の観点をも考慮する必要があることが明らかになった。

　また、②叙述表現と主観修飾語の観点では、「意見」の文章中の出現位置から主題文の認定を試みたが、同じく「意見」を表す文でも、文章の統括力の面においては、強弱があると考えられる。なぜなら、叙述表現、あるいは、主観修飾語によって書き手の意見が述べられていても、その意見が直接的に主題に関連する場合と、そうでない場合とがあると考えられるためである。そこで、提題表現の観点が必要となり、次の③提題表現の観点からの分析を行った。しかし、③の提題表現のみの観点からは、「大提題表現」の出現位置から主題文の認定を試みたが、提題表現が同じく「大提題表現」であっても、叙述表現が単なる「事実」を述べる場合と、書き手の意見が含まれる「意見」を述べる場合とでは、文章の統括力に強弱が生じる。そこで、②「叙述表現と主観修飾語の観点」と③「提題表現の観点」を総合して、文章構造を把握する必要が出てきた。

以上のように、本研究では、単独の分析観点からの文章構造研究には、限界があることを明らかにしつつ、それを解消する立場に立って、複合的な観点からの分析を試みた。その方法として、上記の3つの観点を合わせて、つまり、複合的な観点から主題文となり得る条件を設定した。複合的な観点からの主題文になり得る条件としては、次の5点が挙げられる。

A　見出しの機能が「主張表明」の場合：
　　a　見出しがそのまま反復されるもの、または、見出しの叙述表現が形を変えて、「意見」を表すもの。
　　b　最も意味の完結度の高いもので、一般に文脈への依存度が低く、他の文からの独立性が高いもの。
B　見出しの機能が「話題提示」の場合：
　　a'　見出しに提示された話題について述べられているもの、つまり、見出しと関連のある提題表現が反復されているもの。
　　b'　叙述表現が「意見」を表すもの。（特に、第三者に対する要望や当為の機能を持つものが主題文になりやすい）
　　c'　最も意味の完結度が高く、一般に文脈への依存度が低く、他の文からの独立性が高いもの。

Aについては、aとbの条件を両方備えた文が最も主題文になりやすい。Bについても、a'、b'、c'の条件をすべてそろえた文が最も主題文になりやすい。

　このようにして認定した主題文が文章中のどこに出現するか、その出現位置から、文章のマクロ構造の把握を試みることにした。

(2)　韓日両言語には、社説の文章のマクロ構造にどのようなパターンの違いが見られるか。（対照研究）
(1)の文章のマクロ構造を把握する方法に基づいて、第3章では、韓日の新聞社説の文章のマクロ構造の特徴を比較対照した。結果、韓日間の新聞社説

の文章では、マクロ構造に違いのあることが明らかになった。

　具体的には、韓日の新聞社説は、主題文が文章の後部に現れるという傾向が強い点では類似点が見られたが、その傾向は、特に、日本語において顕著であった。一方、韓国語は、比較的文章の前部から主題文が現れやすく、また、文章の1カ所のみに主題文が現れるのでなく、文章の前部、中部、後部などに主題文が散在して位置する文章が日本語の文章に比べ比較的多かった。つまり、結論(主題文)の出現位置が違うということである。

　このような結果は、主張のストラテジーにおいて、韓日両言語間に違いがあることを示唆したものであるといえよう。「はじめに」で述べたように、日本人と韓国人とのコミュニケーションには、言語上のギャップが見られ、意志の疎通に支障が生じることが多々あることが指摘されている。その支障について、本研究は、両者の主張のストラテジーの違いとして、実際の文章を用いて、具体的かつ客観的な言語形式に基づいて分析することにより、その様相を具体的な形で明らかにしたといえよう。

　また、本研究は、日本語と韓国語は、統語面では大変類似しているとよくいわれるが、韓日の新聞社説の文章における文章構造には違いが見られることを示したものである。統語論と文章論の間の密接な関連を示唆する指摘は多い(牧野1978、メイナード1997など)が、本研究は、韓日の新聞社説に限定されるとはいえ、マクロとミクロの両構造から、文章論は統語論の単なる延長ではなく、独自の原理が働く独自の領域であることを示唆したといえる。同時に、本研究は、韓日では、期待される(良しとする、望ましいとされる)文章の型に違いがあることを示したものでもある。

(3)　韓日の新聞社説の文章の「主題文」には、どのような表現類型が見られるか。

(2)で明らかにした文章における「主題文」をもとに、本研究では、主題文の叙述表現の表現形式から、主題文の表現類型を「思考」・「婉曲断定」・「婉曲当為」・「断定」・「疑問」・「願望」・「当為」・「その他」の8種類に細分類し、韓日の社説における主題文の叙述表現の表現傾向を調べた。結果、社説

は韓日両言語ともに、ジャンルの性格上、いわゆる「意見」を表す表現の文が文章全体において多いが、特に、主題文の場合には、その傾向が顕著であることが分かった。また、上記の8種類の主題文の表現類型の中で、主題文に多く用いられる表現は、韓日両言語ともに、「断定」の表現であることが明らかになった。しかし、韓国語と日本語の社説の主題文には、叙述表現の使用傾向に微妙な違いが見られる。日本語における叙述表現の使い方の特徴としては、韓国語に比べて「願望」表現が多く使われる傾向がある。一方、韓国語には「断定」表現に次いで多く見られた叙述表現は、「当為」表現である。

以上から、社説における主題文の叙述表現には、ジャンルの性格上、「意見」を表す表現が多いことが分かった。特に、言い切りの「断定」表現が多く使われ、韓国語においては、その傾向が顕著に見られた。また、主題文になりやすい叙述表現として挙げられる叙述表現は、韓日ともに、「断定」「願望」「当為」の表現であることが明らかになった。

5.2.2 韓日の新聞社説の文章のミクロ構造

次に、本節では、韓日の新聞社説のミクロ構造の特徴についての分析結果を述べるとともに、前節で述べた韓日の新聞社説のマクロ構造の特徴との関連性についての考察を行うことにする。

文章のミクロ構造の研究は、文章がどのような展開によって構造を形成するかを見るための研究であるが、方法論として、「連接論」や「連鎖論(配列論)」が考えられる。「連接論」は、文と文との相互関係を明らかにすることを目的としており、「連鎖論(配列論)」は、文がどのような形で配列されるかを明らかにすることを目的としている。両者は、文の機能の視点から分析可能であると考えられるが、「文の機能」とは、書き手の表現意図や表現内容のことであり、形式面と内容面から分析できると考えられる。

従来の研究では、文の機能の分類において、主に形式面(指示詞、接続表現など)を重視する傾向が見られた。しかし、本研究では、文の機能、つまり、書き手の表現意図や表現内容を正確に把握するために、内容面について

も考慮することを追求することにした。そこで、第4章では、書き手の表現意図を探るためには「叙述方法」の観点から、そして、表現内容を探るためには「文脈展開内容」の観点から文の機能を分類し、両面から文の機能の相互関係及び全体的な流れを把握することにした。

研究課題として、以下の2つを立てて、文章のミクロ構造の分析を行った。

（1） 文章が展開される過程において、文と文とがどのような相互関係を持って構成されるか。また、韓日両言語間には、その文の相互関係において、どのようなパターンの違いが見られるか。（連接論の立場）
（2） 韓日両言語では、文章が展開される過程で、書き手の基調とする表現意図がどのような流れで配列されるか。（配列論の立場）

(1) 文章が展開される過程において、文と文とがどのような相互関係を持って構成されるか。また、韓日両言語間には、その文の相互関係において、どのようなパターンの違いが見られるか。（連接論の立場）

4.4.1節では、文章のマクロ構造研究において、文章の前部に韓日両言語間で顕著な相違点が見られたことから、文章の前部の一部、ここでは第1文と第2文に絞り、叙述方法と文脈展開内容面から文の機能を分類して、韓日の新聞社説の文章展開の方法の異同について、文の文との相互関係から調べた。

その結果、韓日両言語ともに、第1文の主な文脈展開内容は「1.話題提示」であることが分かった。しかし、韓日両言語では叙述方法が異なり、日本語は「A.客体的表現」による「話題提示のみ」で書き出す傾向があるが、韓国語は「C.主観的表現」による「話題提示」、つまり、話題を提示するとともに、その話題に対する書き手の意見（特に、評価や主張）が述べられる傾向があることが分かった。即ち、第1文で、日本語は、事実をありのまま記述するのに対して、韓国語は、事実をありのままに記述するのに加えて、書き手のその事柄に対する意見を文章の最初の段階で明確に述べるという傾

向があることが明らかになった。

　第2文については、韓日ともに、その主な文脈展開内容は「2.説明」であった。しかし、「2.説明」の方法に韓日両言語では違いが見られ、日本語は「A.客体的表現」による「補助説明のみ」「詳述説明のみ」が多かったが、韓国語は「C.主観的表現」による「根拠説明」「補助説明+他の文脈展開内容」「詳述説明+他の文脈展開内容」が多かった。つまり、韓国語は説明をするに当たっても、主観的な意見を交えて説明する傾向が強いのである。第2文は、第1文の文の表現に影響を受けやすいと考えられるが、日本語は、第1文で事実をありのままに記述するため、第2文に「根拠説明」は現れにくい。一方、韓国語は、第1文で話題を提示するとともに、その話題に対する書き手の評価や主張を述べるため、第2文にその評価や主張のよりどころとなる「根拠説明」が現れやすいことが分かった。

(2)　韓日両言語では、文章が展開される過程で、書き手の基調とする表現意図がどのような流れで配列されるか。(配列論の立場)

4.4.2節では、文の全体的な配列方法について、文章全体を対象とし、文の機能の全体的な流れを調査した。その結果、韓日両言語では、文章の3区分(前部・中部・後部)において書き手の表現意図の示し方に基調とするものが違うことが分かった。つまり、日本語は文章が進むにつれて、次第に、「意見」の度合いが強くなってくる。即ち、文章の展開において、文章の前部では「事実」を、中部では「事実」と「意見」を、文章の後部では「意見」を基調とした文章展開のパターンが好まれる傾向があることが分かった。この結果は、メイナード(1997)の指摘、つまり、日本語は新聞コラム全体で非コメント文からコメント文へという流れが多く見られたとした指摘に匹敵する結果であるといえよう。一方、韓国語は、文章の前部、中部、後部のすべてにおいて「意見」を基調とする傾向が強かった。

　以上のように、第4章では、文章を構成する文に着目して、その文の機能の面から、隣接する文と文との相互関係や全体的な文の機能の流れを把握し、韓日の新聞社説のミクロ構造には相違点があることを明らかにした。

この研究結果は、韓日の新聞社説のマクロ構造の分析結果と軌を一にしており、いうならば、文章のマクロ構造がどのような文章展開（ミクロ構造）によって構造を形成しているかを明らかにした研究である。

　本研究の分析結果、つまり、文章のマクロ構造研究とミクロ構造研究の結果を総合して考えると、日本語の新聞社説は、主題文が文章の後部に置かれ、前部では話題や説明が客観的な立場から述べられ、さらに文章が進むにつれて意見の度合いが強くなる。この点から、日本語の新聞社説は、主張あるいは主題文へと導くために、即ち、結論へと導くために、客観的な立場からの説明を積み重ねて、だんだんと結論へと導かれる文章構造になっていることが示唆された。日本語の新聞社説の文章は、「説明的主張文章」であるといえよう。一方、韓国語の新聞社説は、主題文が文章のあらゆる部分に散在して置かれており、文章の前部で日本語と同様に、話題を提示したり説明をしたりしているが、そこでも明確な形で書き手の主張や見解が述べられており、文章の3区分においても、全体において意見の度合いが強く現れる。このことから、韓国語の新聞社説は、文章全体が「主張」で一貫していることが分かる。また、「説明」においても、主張したことのよりどころとなる「根拠説明」が比較的多く見られた点から考えると、韓国語の新聞社説は、結論や主張を説得するための文章構造になる傾向が強いといえるのではないだろうか。このことから、韓国語の新聞社説は、「説得的主張文章」であるといえよう。

5.3　結論

本研究は、韓日の新聞社説の文章の特徴を明らかにするために、文章のマクロ構造とミクロ構造に着目し、主題文の出現位置やその主題文へと導くための文章展開過程を把握し、文章構造の特徴の解明を試みた。

　日本語の文章論の研究では、文章を「文法論」の一部としてとらえ、その大きな柱に「連接論」「連鎖論（配列論）」「統括論」の3つの観点を設定し、それらの観点から文章の特徴を説くことができるとしている。しかし、現段

階の文章論のマクロ構造研究においては、実際の文章を用いて文章の特徴を説いている先行研究として、叙述表現に着目した統括論が多い。統括論の立場は、文章内の特定の文が全体を統括するという考えを前提としており、いわば、書き手の最もいいたい文(主題文)の出現位置を把握することを主な目的としている。文章の特徴を説いている先行研究の多くが叙述表現に着目するのは、叙述表現に書き手の意見が現れやすいと考えるためであろうと思われる。

　しかし、文章のマクロ構造は、叙述表現のみの観点では正確に把握できないと考える。例えば、叙述表現に同じく書き手の「意見」が表されている文であるとしても、その意見が主題に関する意見である場合とそうでない場合とでは文章全体における統括力に強弱が出てこないだろうか。そこで、叙述表現に加えて他の観点も考慮する必要性が出てくるが、本研究では、主題文を認定するための方法として、主観修飾語、提題表現、見出しの本文中の反復表現といった複合的な観点から、韓日両言語の文章のマクロ構造の特徴について調べた。結果、韓日両言語間では文章構造に違いがあることが確認された。しかし、文章のマクロ構造、つまり、主題文の出現位置を論じたところで、文章全体の特徴が把握できたとは言い難い。なぜなら、文章のマクロ構造の研究では、文章を全体的に見た場合の様相は説明できても、文章がどのように展開されて構造が形成されるのかについての説明に不十分さが残るためである。

　このような理由から、文章構造を精緻に把握するためには、文章のマクロ構造の分析に加えて、文章のミクロ構造の分析をも行う必要があると考えられる。そこで、本研究では、文章のミクロ構造の面も考慮に入れ、韓日の新聞社説の文章構造を比較対照した。その結果、韓国語と日本語の新聞社説の文章構造には相違点があることが明らかになった。

　本研究は、いうならば、主に主張との関連から文章構造を見ている研究である。つまり、文章全体において書き手の最も主張したい文の出現位置(文章における主張のマクロ構造とでもいえようか)を把握したり、文章を構成する基本的な成分である文や段落においての主張のあり方、様相(文章にお

ける主張のミクロ構造とでもいえようか)を把握したりした研究である。

　第1章で述べたように、文化による言語の相違が出るのは、人間関係が重要な要素となる言語のパフォーマンスにおいてである(メイナード 1997:73)という立場から考えると、本研究は意義あるものと考えられる。なぜなら、韓日の新聞社説の文章構造に違いがあるということは、両言語には主張を述べる際のパフォーマンスの違い、さらには、主張のストラテジーに違いがあることを意味すると考えられるためである。

　韓国人日本語学習者の日本語の作文や会話に対して日本語母語話者が違和感を感じるのは、このような主張の表し方、文章構造の違いが背景にあることが考えられる。韓日両言語間のコミュニケーションにおいて、このような文章構造の違いを事前に把握しておけば、少なくとも、日本人と韓国人との実際の会話において、誤解のないコミュニケーションを実現し得ることが期待されよう。

5.4　今後の課題

本節では、本研究で残された課題について述べる。

　日本語の統括論に立脚した文章のマクロ構造の研究には、その分析方法に問題点が残されていることを韓日の新聞社説を使って実証的に示した。本研究では、その解決策の1つとして、提題表現、叙述表現と主観修飾語、見出しの本文中の反復表現という3つの観点から分析することで、文章のマクロ構造の解明を試みた。しかし、他のジャンルを分析する際などには、文章展開に重要な役割を果たすと考えられる指示表現、接続表現、文章中の反復表現などの観点についても考慮する必要が出てくる可能性がある。今後、これらの観点を包含するより詳細な分析方法で他のジャンルの分析も進めていきたい。

　本研究では、文章のミクロ構造を連接関係から探るために、文章のマクロ構造研究においてその違いが顕著であった文章の前部(ここでは第1文と第2文)のみを分析対象とした。いうまでもなく、文と文との相互関係を述べ

るためには、第1文と第2文のみならず、文章全体における文の相互関係を述べる必要がある。今後の課題としたい。

　また、本研究では、新聞社説といういわゆる論説文として分類される特定のジャンルを分析対象として、韓日両言語の文章構造の特徴について述べた。ただ、文章の大きな特徴として、書き手の個性やジャンルの性格、そして言語文化により、様々な文章構造及び展開の方法が考えられる。そこで、資料の種類を豊富にするとともに、多くの言語を対象に、さらに追求していく必要性があるといえよう。様々なジャンルの文章を様々な観点から分析するという作業を重ねることによって、あるジャンルにおける文章の展開の方法、また、特定の言語文化における文章の展開の方法のメカニズムが明らかになり、また、そのことは、文章理解に役立つと考えられる。

　また、本研究では、文章を区分するにあたって、文章の重要な構成要素である「文」と「形式段落」に基づいているが、今後、文章における重要な構成要素といわれる内容上のひとまとまりとしての「文段」を中心に文章を区分して、韓日の文章構造を分析し、本研究の結果と照らし合わせて見る必要があると考えられる。

　さらに、上記のような文章構造研究を進めると同時に、実際の作文や読解において生じる母語話者と学習者間の何らかのずれ(例えば、文章展開の違い、理解の違い)やその要因などを文章・談話レベルで明らかにしていくことにより、教育的な立場にも役立つものになると考える。これも今後の課題である。

　なお、新聞社説の文章は、韓日ともに、まず、見出しがあり、続いて本文がある。即ち、見出しと本文とが1セットになって新聞社説として構成されているといえる。本研究では、見出しの本文中の反復を調査する際、韓日両言語の見出しの機能を「話題提示」「主張表明」「その他」に分類して、文章のマクロ構造を分析する1つの手がかりとしたが、その際、韓日両言語間には見出しの類型に違いがあることが分かった。それは、日本語には「主張表明」の見出しが多かったが、韓国語は「話題提示」が比較的多かった点である。このことから、韓日両言語では、見出しと本文において役割の分担

がなされていることが予想される。新聞社説の文章が見出しと本文から構成される以上、見出しと本文とを1セットにして、新聞社説の文章構造を考える必要があるのではないだろうか。今後、これらについても、検討していきたい。

注
1 　『国語学研究事典』(1977:187)の遠藤好英氏によるものである。

参 考 文 献

相原林司(1984)『文章表現の基礎的研究』明治書院
相原林司(1985)「反復表現の諸相」林四郎編『応用言語学講座1 日本語の教育』pp.163-181．明治書院
李殷娥(1995)「透明な言語・不透明な言語—日韓の婉曲表現と挨拶表現をめぐって」『朝鮮学報』157：1–46．朝鮮学会
池上嘉彦(1983)「テクストとテクストの構造」『談話の研究と教育Ⅰ』日本語教育指導参考書11 pp.7–42．国立国語研究所
池上嘉彦(1992)「日本語と日本語論、その虚像と実像4、言語類型論と言語の「類型」(2)」『言語』21(12)：106–111．
池上嘉彦(1999)「日本語らしさの中の〈主観性〉」『言語』28(1)：84–93．
石神照雄(1994)「一語文の原理と文の類型」佐藤喜代治編『国語論究 第4巻 現代語・方言の研究』pp.68–94．明治書院
李貞旼(2001a)「文章構造の日韓対照研究—新聞の社説における書き出しを対照として」『言語文化と日本語教育』21：96–109．お茶の水女子大学日本言語文化学研究会
李貞旼(2001b)「新聞社説における文章構造の日韓対照研究」『人間文化論叢』4：209–222．お茶の水女子大学大学院人間文化研究科
李貞旼(2002)「文章論研究の概観」『第二言語習得・教育の研究最前線—あすの日本語教育への道しるべ』言語文化と日本語教育2002年5月増刊特集号、pp.266–278．日本言語文化学研究会
李貞旼(2003)「佐久間まゆみにおける「文章型」の概念」『第二言語習得・教育の研究最前線—2003年版』言語文化と日本語教育2003年11月増刊特集号、pp.226–227．日本言語文化学研究会
李貞旼(2004)「新聞社説における日韓の文章展開の方法に関する一考察—第1文と第2文を中心に」『表現研究』80：66–75．表現学会
市川孝(1971)「書き出しや結びの書き方」井上敏夫他編『作文指導事典』pp.335–339．第一法規出版
市川孝(1970)「文章のしくみ」『文章の技法 第1巻 文章の生態』明治書院
市川孝(1978)『国語教育のための文章論概説』教育出版
糸井通浩(2003)「第13章 文章・談話研究の歴史と展望」北原保雄監修 佐久間まゆみ

編『朝倉日本語講座7　文章・談話』pp.274-297．朝倉書店

伊藤誓子(1996)「論説文の文末述部における「段」の統括機能」『国文目白』35：203-211．日本女子大学国語国文学会

梅田博之(1982a)「朝鮮語文法の輪郭［基本文型、名詞節、述語節］」『アジア・アフリカ文法研究』10：20-29．東京外国語大学アジア・アフリカ言語文化研究所

梅田博之(1982b)「現代朝鮮語の文構造［形容詞文、存在詞文、動詞文、基本文型、名詞節、述語節］」『講座日本語学』10：53-67．明治書院

梅田博之(1990)「朝鮮語と日本語の述語構造の枠組［語幹、語基、語尾］」『日本語教育』72：42-52．日本語教育学会

大江三郎(1975)『日英語の比較研究、主観性をめぐって』南雲堂

大江三郎(1979)「感情導入にかかわる日本語の特徴」『国語学論説資料』16(1)：198-206．

小笠原林樹(1972)「日本の文化とことば序論」宮内秀雄教授還暦記念論文編集委員会編『日英のことばと文化』pp.13-28．三省堂書店

岡部朗一(1987)「新聞・雑誌に見る表現」『英語教育』9：36-37．増刊号、研究社

尾上圭介(1999)「文の構造と"主観的"意味」『月刊言語』28(1)：95-105．大修館書店

小田迪夫(1971)「論説文の表現法研究の一視点—論理的表現と説得的表現とのかかわりかたについて」『国語と教育』5：33-43．大阪教育大学国語教育学会

郭永喆(1980)「朝鮮語文法における辞の扱い、日本文法との関連を中心に」『国文学論集』13：1-26．上智大学国文学会

金岡孝(1964)「一　主題と構成」『文章についての国語学的研究』pp.130-148．明治書院

樺島忠夫(1983)「文章構造」水谷静夫編『朝倉日本語新講座5　運用1』pp.118-157．朝倉書店

樺島忠夫・寿岳章子(1965)『文体の科学』綜芸舎

神尾暢子(1989)「文章の種類」山口佳紀編『講座日本語と日本語教育5　日本語の文法・文体(下)』pp.117-139．明治書院

北原保雄編(1989)『講座日本語と日本語教育4　日本語の文法・文体(上)』明治書院

木戸光子(1992)「文の機能に基づく新聞投書の文章構造」『表現研究』55：9-19．表現学会

木原茂(1973)「文章構成の基本的なパターン」『国文学』18(12)：15-23．至文堂

金仁和(1992)「文章構成法の日韓対照」『言語行動論報告』2：84-96．筑波大学文芸・言語学系

久野暲(1973)『日本文法研究』大修館書店

久野暲(1978)『談話の文法』大修館書店

後藤利枝(1996)「新聞投書の文章における叙述表現の形態的特徴と文章構造」『学習院大学国語国文学会誌』39：31-40．学習院大学
後藤利枝(1999a)「論説文の文章構造と見出しの反復」『日本女子大学大学院文学研究科紀要』5：37-48．日本女子大学
後藤利枝(1999b)「新聞社説の中心文における文末述部の形態的特徴―尾括式文章の場合」『ことば』20：137-146．現代日本語研究会
近藤泰弘(1986)「主観表現の体系」『国文目白』25：88-97．日本女子大学国語国文学会編
佐久間まゆみ(1974)「新聞社説の文章における段落区分の形態的特徴について」『国文』40：23-37．お茶の水女子大学国語国文学会
佐久間まゆみ(1983)「文の連接―現代文の解釈文法と連文論」『日本語学』2(9)：33-44．明治書院
佐久間まゆみ(1984)「読み手の段落区分と文章の構造原理」『月刊言語』13(3)：106-115．大修館書店
佐久間まゆみ(1986)「文章構造論の構想―連文から文段へ」永野賢編『文章論と国語教育』pp.49-67．朝倉書店
佐久間まゆみ(1987)「『文段』認定の一基準(Ⅰ)―提題表現の統括」『文藝言語研究言語篇』11：89-135．筑波大学文芸・言語学系
佐久間まゆみ(1989)『文章構造と要約文の諸相』くろしお出版
佐久間まゆみ(1990a)「文段認定の一基準(Ⅱ)―接続表現の統括」『文藝言語研究　言語篇』17：35-66．筑波大学文藝・言語学系
佐久間まゆみ(1990b)「ケース5　提題表現」寺村秀夫・佐久間まゆみ・杉戸清樹・半澤幹一編『ケーススタディ日本語の文章・談話』pp.58-69．おうふう
佐久間まゆみ(1992a)「接続表現の省略と用法」『国文』77：63-74．お茶の水女子大学国語国文学会
佐久間まゆみ(1992b)「要約文の類型分類」『文化言語学―その建設と提言』pp.1081-1096．三省堂
佐久間まゆみ(1993)「日本語の文章構造Ⅰ・Ⅱ・Ⅲ」宮地裕・清水康行編『日本語の表現と理解』pp.90-123．放送大学教育振興会
佐久間まゆみ(1995)「中心文の『段』統括機能」『日本女子大学文学部紀要』44：93-109．日本女子大学
佐久間まゆみ(1997)「第8節　とりまとめる」佐久間まゆみ・杉戸清樹・半澤幹一編『文章・談話のしくみ』pp.123-136．おうふう
佐久間まゆみ・杉戸清樹・半澤幹一編(1997)『文章・談話のしくみ』おうふう
佐久間まゆみ(1998)「段落区分と要約文の表現方法」『国文目白』37：13-23．日本女子大

学国語国文学会

佐久間まゆみ(1999)「現代日本語の文章構造類型」『日本女子大学紀要　文学部』48：1-28．日本女子大学

佐久間まゆみ(2003)「第5章　文章・談話における「段」の統括機能」北原保雄監修　佐久間まゆみ編『朝倉日本語講座7　文章・談話』pp.91-119．朝倉書店

佐々木泰子・川口良(1994)「日本人小学生・中学生・高校生・大学生と日本語学習者の作文における文末表現の発達過程に関する一考察」『日本語教育』84：1-13．日本語教育学会

札野寛子(1993)「外国人留学生の日本語談話レベルでの誤用分析―談話構成上の問題点を探る」『平成5年度日本語教育学会春季大会　予稿集』pp.161-166．日本語教育学会

ザトラウスキー・ポリー(1993)『日本語の談話の構造分析―勧誘のストラテジーの考察』くろしお出版

塩澤和子(1994)「社説の文章構造―語句の反復表現を手がかりとして」『文藝言語研究　言語篇』25：97-114．筑波大学文芸・言語学系

柴田武(1992)「情報化時代の文章」『日本語学』11(4)：8-11．明治書院

柴原智代(1995)「中上級日本語学習者の文章構造の特徴―結束性の観点からの考察」お茶の水女子大学修士論文(未公刊)

志部昭平(1986)「朝鮮語の動詞」『国文学　解釈と鑑賞』51(1)：135-138．至文堂

志部昭平(1990)「朝鮮語と日本語―その構造の類似性と差異性について」『国文学』55(1)：24-29．至文堂

杉田くに子(1993)「日本語母語話者と中・韓国語学習者の論説文に見られる文章構造の特徴」『日本語教育学会秋季大会予稿集　平成5年度』pp.111-116．日本語教育学会

杉田くに子(1994)「日本語母語話者と日本語学習者の文章構造の特徴―文配列課題に現れた話題の展開」『日本語教育』84：14-26．日本語教育学会

杉田くに子(1995)「日英対照レトリック、文章の流れはいかに分節されるか」『アメリカ・カナダ大学連合日本研究センター紀要』18：35-50．アメリカ・カナダ大学連合日本研究センター

瀬戸賢一(1997)「意味のレトリック」中右実編『文化と発想とレトリック』pp.93-183．研究社

서정수(1996)『국어문법(国語文法)』수정증보판　한양대학교출판원

宋敏(1999)『韓国語と日本語のあいだ』(菅野裕臣・野間秀樹・浜之上幸・伊藤英人訳)草風館

高崎みどり(1986)「文章の語句的構造」『国文』64：47-57．お茶の水女子大学国語国文学

会

高崎みどり(1990)「ケース4 反復と省略の表現」寺村秀夫・佐久間まゆみ・杉戸清樹・半澤幹一編『ケーススタディ日本語の文章・談話』pp.46-57．おうふう

高橋太郎(1984)「名詞述語文における主語と述語の意味的な関係」『日本語学』3(12)：18-39．明治書院

卓星淑(1997)「신문문장의 문말표현에 관한 일고찰—보도문・칼럼・사설의 문말표현을 중심으로(新聞文章の文末表現に関する一考察—報道文・コラム・社説の文末表現を中心に)」『人文論叢』6：267-287．曉園大学校 人文科學研究所

卓星淑(1999)「研究論文における文末表現の一考察」『ことば』20：147-161．現代日本語研究会

立川和美(1997)「説明文のマクロ構造把握に関する研究—国語教育の実態とその応用へむけて」東京大学大学院・総合文化研究科博士論文(未公刊)

館岡洋子(1996)「文章構造と要約文の型」『アメリカ・カナダ大学連合日本研究センター紀要』19：29-51．アメリカ・カナダ大学連合日本研究センター

田村マリ子(1982)「朝鮮語の希望表現文—日本語と対照して」『日本語教育』48：77-88．日本語教育学会

塚原鉄雄(1966)「文章と段落」『人文研究』17(2)：1-32．大阪市立大学文学会

塚原鉄雄(1968)「接続詞」『月刊文法』1(1)．明治書院

塚原鉄雄(1990)「日韓対照研究と日本語教育［命題とモダリティ、過去の形式「た」「〜ている」及び「〜ていく」構文］」『日本語教育』72：68-79．日本語教育学会

鶴田常吉(1953)『日本文法学原論(後篇)』関書院

寺村秀夫(1984)『日本語のシンタクスと意味 第Ⅱ巻』くろしお出版

寺村秀夫・佐久間まゆみ・杉戸清樹・半澤幹一編(1990)『ケーススタディ日本語の文章・談話』おうふう

時枝誠記(1950)『日本文法口語篇』岩波書店

時枝誠記(1977)『文章研究序説』明治書院

時枝誠記(1960)『文章研究序説』明治書院

外山滋比古(1987)『日本語の論理』中央公論社

永尾章曹(1975)『国語表現法研究』三弥井書店

長坂水晶(1994)「論理的文章における冒頭文の分類と機能」『言語文化と日本語教育』7：14-25．お茶の水女子大学日本言語文化学研究会

中島一裕(1990)「第一章 啓蒙的論説・評論の表現特性」土部弘編『表現学大系 各論篇27』pp.59-102．教育出版センター

中島文男(1987)『日本語の構造 英語との比較』岩波書店

中西一弘(1996)『基礎文章表現論』朝倉書店
長田久男(1984)『国語連文論』和泉書院
長田久男(1995)『国語文章論』和泉書院
永野賢(1972)『文章論詳説』朝倉書店
永野賢(1986)『文章論総説』朝倉書店
中村明(1991)『日本語レトリックの体系』岩波書店
名柄迪(1995)『外国人のための日本語例文・問題シリーズ9　文体』荒竹出版
名柄迪(1995)『外国人のための日本語例文・問題シリーズ16　談話の構造』荒竹出版
西田直敏(1992)『文章・文体・表現の研究　研究叢書106』和泉書院
西原鈴子(1987)「話者の位置判断―その含意性と異言語への伝達問題」『国立国語研究所
　　報告90　研究報告集』8：125-157．国立国語研究所
西原鈴子(1990)「日英対照修辞法」『日本語教育』72(11)：25-41．日本語教育学会
仁田義雄(1985)「文の骨組み―文末の文法カテゴリーをめぐって」林四郎編『応用言語学
　　講座Ⅰ　日本語の教育』pp.64-86．明治書院
野田尚史(1989)「文構成」宮地裕編『講座日本語と日本語教育1　日本語学要説』pp.67-
　　95．明治書院
野村眞木夫(1990)「ケース6　叙述表現」『ケーススタディ日本語の文章・談話』pp.70-
　　81．おうふう
野村眞木夫(2000)『日本語のテクスト―関係・効果・様相』ひつじ書房
土部弘(1961a)「文章の構成(一)―「文章組成論」の試み」『国文学』30：33-41．関西大
　　学
土部弘(1961b)「文章の構成(二)―「文章組成論」の試み」『国文学』31：52-67．関西大
　　学
土部弘(1973)『文章表現の機構』くろしお出版
土部弘(1979)「文章の展開形態―〈文脈〉と〈構成〉」山中仲美編『論集日本語研究8　文
　　章・文体』pp.58-69．有精堂
土部弘(1990)「論説・評論の表現」土部弘編『表現学大系　各論篇第27巻』pp.7-58．教
　　育出版センター
土部弘(1993)「論説・評論の主題と要旨」『国語表現研究』6：1-14．国語表現研究会
馬場俊臣(1986)「主要語句の連鎖と反復語句との交渉」『文章論と国語教育』pp.68-86．朝
　　倉書店
馬場俊臣(1992)「指示語の文脈展開機能」『日本語学』11(4)：33-40．明治書院
馬場博治・植条則夫(1988)『マスコミ文章作法』創元社
林巨樹(1983)「書き出しと結びの性格」『講座　日本語の表現(5)　日本語のレトリック』

pp.151–165. 筑摩書房
林四郎(1960)『基本文型の研究』明治図書出版
林四郎(1973)『文の姿勢の研究』明治図書
林四郎(1983)「日本語の文の形と姿勢」『談話の研究と教育Ⅰ』pp.43–62. 国立国語研究所
林四郎(1998)『文章論の基礎問題』三省堂
原美紀(1995)『新聞投書の見出しの機能と文章構造類型』日本女子大学卒業論文(未公刊)
ハリデイ＆ハッサン著／筧壽雄訳(1991)『機能文法のすすめ』大修館書店
平井昌夫(1969)『文章表現法』至文堂
藤村知子(1989)『論説文における文末述部の統括機能について』筑波大学大学院地域研究研究科提出修士論文(未公刊)
堀川勝太郎(1960)『文章の理論と読解指導—文脈展開の法則性』明治図書出版
裵岩ナオミ(1986)「意志決定—プロセスと表現に見られる〝日本人らしさ〟」『言語生活』415：56–62. 筑摩書房
本名信行(1989)「日本語の文体と英語の文体」『講座日本語と日本語教育5 日本語の文法・文体(下)』pp.363–385. 明治書院
牧野成一(1978)『ことばと空間』東海大学出版会
牧野成一(1983)「省略と反復」中村明編『講座 日本語の表現(5) 日本語のレトリック』pp.73–87. 筑摩書房
三上章(1960)『像ハ鼻が長い』くろしお出版
三上章(1963)『日本語の論理』くろしお出版
南不二男(1964)「述語文の構造」『日本の言語学 第3巻 文法Ⅰ』pp.507–530. 大修館書店
南不二男(1972)「日常会話の構造—とくにその単位について」『月刊言語』1(2)：108–115. 大修館書店
南不二男(1974)『現代日本語の構造』大修館書店
南不二男(1993)『現代日本語文法の輪郭』大修館書店
南不二男(1997)『現代日本語研究』三省堂
メイナード・K・泉子(1993)『会話分析』くろしお出版
メイナード・K・泉子(1997)「第6章 新聞コラムのレトリック」『談話分析の可能性—理論・方法・日本語の表現性』pp.123–142. くろしお出版
メイナード・K・泉子(1998)「日本語談話原理の理解と読解指導：新聞コラムの場合」『日本語教育論集 世界の日本語教育』8：67–86. 国際交流基金日本語国際センター
メイナード・K・泉子(2000)『情意の言語学—「場交渉論」と日本語表現のパトス』くろしお出版

メイナード・K・泉子(2003)「第11章　談話分析の対照研究」北原保雄監修　佐久間まゆみ編『朝倉日本語講座7　文章・談話』pp.227-249．朝倉書店

森岡健二(1963)『文章構成法』至文堂

森岡健二(1989)『文章構成法』東海大学出版会

益岡隆志(1992)「表現の主観性と視点」『日本語学』11(8)：28-34．明治書院

森田良行・松木正恵(1989)『NAFL選書5　日本語の表現文型』アルク

森田良行・松木正恵(1993)『日本語表現文型』アルク　呉美善翻訳監修　다락원

森本順子(1994)『話し手の主観を表す副詞について』くろしお出版

森山卓郎(1992)「文末思考動詞「思う」をめぐって―文の意味としての主観性・客観性」『日本語学』11(8)：105-116．明治書院

新村出編(1983)『広辞苑第三版』岩波書店

山口仲美(1986)「題をつける際の発想」『国文学』31(14)：117-121．至文堂

山中桂一(1998)『日本語のかたち―対照言語学からのアプローチ』東京大学出版会

渡辺亜子(1996)『中・上級日本語学習者の談話展開』くろしお出版

Condon, John C. (1980)『異文化間コミュニケーション　カルチャー・ギャップの理解』(近藤千恵訳)サイマル出版会

Hinds, John. (1983) Contrastive rhetoric: Japanese and English. *TEXT*, 3: 183-195.

Hinds, John. (1983) Inductive, deductive, and quasi-inductive : Expository writing in Japanese, Korean, Chinese, and Thai. U. Connor and A. M. Jones, eds., *Coherence in Writing Research and Pedagogical Perspectives.* pp.89-109. Alexadria, VA; TESOL.

Kaplan, Robert B. (1966) Cultural thought patterns in intercultural education. *Language Learning*, 16: 1-20.

Kobayashi, Hiroe. (1984) Rhetorical patterns in English and Japanese. *TESOL Quarterly*, 18: 737-738.

Thornborrow, Joanna. (1997) Having their say: The function of stories in talk-show discourse. *TEXT*, 17(2): 241-262.

辞典類

亀井孝・河野六郎・千野栄一編(1996)『言語学大辞典　第6巻』三省堂

金田一春彦他(1988)『日本語百科事典』大修館

グループ・ジャマシイ(1998)『教師と学習者のための日本語文型辞典』くろしお出版

小池清治・小林賢次・細川英雄・犬飼隆編(1997)『日本語学キーワード事典』朝倉書店

国語教育研究所編(1988)『国語教育研究大辞典』明治図書出版

佐藤喜代治編(1977)『国語学研究事典』明治書院

砂川有里子他(1998)『教師と学習者のための日本語文型辞典』(グループ・ジャマシイ編)くろしお出版

西田直敏(1980)「段落」『国語学大辞典』東京堂

Crystal, David.(1987)The Cambridge Encyclopedia of Language: Cambridge University Press. (風間喜代二・長谷川欣佑監訳(1992)『言語学百科事典』大修館書店)

索引

S
SSA 副詞　85

い
意見　5, 49, 54, 82–85, 87–91, 93, 103, 143, 150–154, 157, 166
意見文　55
一貫性　21, 43
意味段落　11, 41
韻文　10

え
演繹法　13

お
オリエンタル　12

か
書き出し　156
書き出し文　5

き
記述文　55
帰納法　13
客体的表現　131–134, 143, 145, 147, 148

く
繰り返し語句　30, 63, 64

け
形式段落　11, 41
結束性　20, 39, 42
見解　24
現象文　21

こ
口語　10
コメント文　55
根拠説明　141, 142

さ
散文　10

し
詞　23
辞　23
事実　5, 24, 49, 54, 82, 87–89, 103, 143, 150–154, 157, 166
指示表現　12, 28, 29, 43, 53, 157
実用的文章　10
主観修飾語　4, 46, 48, 81, 85, 86, 93, 94, 102, 133
主観的表現　132, 134, 143, 146–148
主観を表す副詞　85, 87
主語の連鎖　21, 31, 94, 95
主体的表現　131–133, 143
主題文　3–5, 11, 17, 37, 45, 46, 50, 61, 96, 102, 159

主題文の叙述表現　121, 164
主題文の表現類型　5, 114, 118, 120, 163
主張　142, 148
主張の展開方法　2, 3
述語文　22
主要語句の連鎖　23, 64
準帰納法　13
準判断文　22
詳述説明　139, 145, 147
小提題表現　96
省略表現　12, 28, 31, 53, 57
叙述表現　4, 12, 28, 32, 46, 48, 50, 53, 81, 82, 89, 93, 94, 97, 99, 102, 103, 152, 153
叙述表現の種類　118, 119
叙述方法　5, 126–128, 131, 144, 146

せ
整合性　42
性状規定表現　83, 134, 142
接続表現　12, 28, 29, 53, 157
説得的主張文章　167
説明　138, 147, 148, 156
説明的主張文章　167
潜括式(潜括型)　10, 28

た
第1文　5, 156
第2文　5, 156
大提題表現　96, 103
段　41, 129, 158
単文章　10
段落　11, 104, 105

ち

中核文　58, 59, 123
中括式（中括型）　9, 26, 28
中間統括　26
中心段　17, 27
中心文　11, 65, 123, 129, 136, 158
陳述の連鎖　22, 32

つ

通達的表現　131

て

提題表現　4, 12, 28, 31, 32, 46, 50, 53, 59, 94, 96, 97, 99, 103
伝達的表現　132, 135, 143

と

統括型　25
頭括式（頭括型）　9, 25, 28
統括論　2–4, 17, 25, 36
トピックセンテンス　123

は

配列的観点　23
配列論　6, 17, 43, 165, 166
パラグラフ　105
判断文　22
反復表現　12, 28, 30, 31, 53, 57, 63, 64

ひ

尾括式（尾括型）　9, 25, 28
非コメント文　55
非実用的文章　10

非統括型　26
評価　142, 148

ふ

複合的な観点　46, 102
複合的な分析観点　4, 51
複文章　10
文　11
分括式（分括型）　9, 28
文語　10
文構造　1, 46, 113
文章　11
文章型　27
文章構造　1, 12, 46, 47, 113
文章構造類型　5, 6, 27, 104, 107, 109, 111, 112
文章の構造類型　17
文段　105
文の機能　5, 21, 37, 53, 54, 125–129, 130–132, 136
文脈　18
文脈展開形態　12, 20, 28, 41, 53
文脈展開内容　126–128, 131, 136, 144–147

ほ

冒頭統括　26
冒頭末尾統括　26
補助説明　138, 145, 147

ま

マクロ構造　4, 5, 17, 25, 31–33, 35–37, 40, 45–48, 51, 53, 60, 61, 82, 89, 93, 94, 107, 113, 121, 154, 155, 159, 160, 162, 163, 167, 168

末尾統括　26

み

ミクロ構造　5, 17, 18, 21, 29, 31–37, 40, 41, 46, 48, 123, 125, 131, 147, 155, 159, 164, 165, 167, 168
見出し　50
見出しの機能　60, 65, 66, 102, 103
見出しの本文中における反復表現　46, 67
見出しの本文中の反復　30
見出しの本文中の反復表現　4, 31, 51, 60, 61, 73, 80, 102

よ

要約文　6, 34

り

両括式（両括型、双括式）　9, 26, 28

れ

零記号統括　26
レトリック　13, 15, 35, 113
連鎖関係　25, 57, 59
連鎖論　2, 3, 17, 21, 25, 36, 43, 125
連接関係　18, 20, 21, 25, 57, 144
連接論　2, 3, 17, 18, 20, 21, 36, 125, 165
連用修飾語　85, 87

ろ

論理構造　12

わ

話題提示　136, 145, 146, 148

あとがき

　本書は、2006年にお茶の水女子大学より学位を授与された博士論文をもとに加筆修正したものである。
　本研究は、統語面では大変類似しているとよく言われる韓日語が、言語の運用面では違いがあるように見受けられたことがきっかけとなった。実際の両言語間のコミュニケーションにおけるずれや誤解は、文法や語彙の問題というより、むしろ言語の運用面の違いに問題があるといえよう。言語の運用面の違いを把握するためには、両言語を語(Word)、文(Sentence)より大きい単位、つまり、文章・談話(Discourse)といったより大きいマクロレベルでの分析が必要不可欠となる。
　本研究は、言語における一番大きい単位とされる文章を対象として、韓日両言語の文章をマクロ及びミクロレベルで比較対照し、両言語の文章の運用面、特にここでは主張のストラテジーに着目して分析を行っている。
　筆者は、本研究の成果が、対照言語学のみならず、韓国のこれからの文章論研究、そして日本語学的な観点からも有効であり、さらには教育現場における作文指導及び読解指導においても応用できることを期待してやまない。

　本論文の執筆にあたっては、多くの方々のご指導を賜った。
　指導教員であるお茶の水女子大学教授岡崎眸先生には、長期にわたって綿密なご指導をいただいた。構想の段階では散漫になりがちな構想を軌道修正していただき、草稿段階に入ってからは原稿にきめ細かく目を通してくださり、章立て、議論の歪み、また表現の不備など細部にわたるご指導を賜った。
　また、早稲田大学教授佐久間まゆみ先生には、学部時代から数多くの専門

的なご指導をいただき、本論文の執筆中にも再度にわたるきめ細かいご指導を賜った。東京学芸大学教授谷部弘子先生には、修士時代から研究の細部にわたるきめ細かいご指導、分析資料の取り扱い方等に関する数多くの貴重なご指導を賜った。また、お茶の水女子大学教授高崎みどり先生、古田啓先生、佐々木泰子先生には、文法や文章・談話論に関する専門的なご指導、分析資料の取り扱い方、翻訳の重要性等、示唆に富む貴重なご教示を数多く賜った。さらに、元お茶の水女子大学教授、現宮崎大学教授長友和彦先生には、論文の内容はもとより研究に対する姿勢や心構えを教えていただいた。お茶の水女子大学准教授佐々木嘉則先生には、ゼミを通して論文の書き方に関する数々の貴重なご教示を賜り、それは本文論をまとめる際の大きな糧となった。また東京大学教授鈴木泰先生にも、ゼミを通して国語学の立場からの貴重なコメントを賜った。さらに元日本女子大学教授石綿敏雄先生、東京大学教授生越直樹先生には、学部時代から対照言語学の立場から数々の貴重なご指導を賜った。

さらに、元お茶の水女子大学大学院人間文化研究科助手、現岡山大学教育学部講師松田文子さんには、博士課程に入学した当時から大変お世話になった。論文の構想の段階から最終稿までの長期にわたって貴重なご助言をいただき、終始温かい励ましの言葉を掛けていただいた。また、東京学芸大学修士課程で同期だった、現韓国外国語大学校大学院言語認知科学専攻の徐眞京氏には、論文の細部にわたって貴重なご助言をいただいた。また、元NHK学園の隈井希世氏、東京大学非常勤講師田代ひとみ氏、お茶の水女子大学大学院の李志暎氏に大変お世話になり、拙い原稿に目を通していただき、貴重なご助言をいただいた。また、佐久間まゆみ先生主催の早稲田大学文章談話研究会の皆様にも本論文の執筆中、大変貴重なご助言をいただいた。さらにお茶の水女子大学大学院の岡崎眸先生ゼミの皆様にも分析過程において示唆に富む数々のご助言をいただいた。ここにあらためて感謝の意を表したいと思う。また私の代わりに幼い娘を常に温かく見守ってくださった保育園・保育室の先生方にも深く感謝申し上げたいと思う。

また長きにわたって見守ってくれ、本書が出来上がることを喜んでくれた

家族、なかでも常に温かい言葉で励ましてくれ、応援してくれた夫、ママの忙しさに犠牲になりながらもいつも笑顔でいてくれた娘に感謝したいと思う。

最後に、本書の出版にあたっては、ひつじ書房の松本功社長、同社編集部の田中哲哉氏に大変お世話になった。原稿全体の細部にわたって何度も目を通してくださり、貴重なご助言を惜しまず与えていただいたことに心よりお礼を申し上げたい。

　　2008年2月

李　貞旼

〈付記〉
本書は、平成19年度日本学術振興会科学研究費補助金(研究成果公開促進費)の交付を受けて刊行されたものである。

【著者紹介】

李 貞旼（い じょんみん）

2006年、お茶の水女子大学大学院人間文化研究科博士課程修了。博士（人文科学）。東京韓国学校日本語科目非常勤講師（2000年〜）を経て、現在、東京学芸大学留学センター、日本体育大学外国語研究科、日本女子体育大学韓国語、NHK学園韓国語、非常勤講師。主要論文に、「文章構造の日韓対照研究－新聞の社説における書き出しを対象として」(2001,『言語文化と日本語教育』21)、「新聞社説における文章構造の日韓対照研究」(2002,『論叢』4)、「文章論研究の概観」第5章『第二言語習得・教育の研究最前線－あすの日本語教育への道しるべ』(2002, 凡人社)、「佐久間まゆみにおける『文章型』の概念」『第二言語習得・教育の研究最前線－2003年版』(2003, 凡人社)、「新聞社説における日韓の文章展開の方法に関する一考察－第1文と第2文を中心に」(2004,『表現研究』80) などがある。

ひつじ研究叢書〈言語編〉第59巻
韓日新聞社説における「主張のストラテジー」の対照研究

発行	2008年2月14日　初版1刷
定価	7200円＋税
著者	©李貞旼
発行者	松本　功
本文フォーマット	向井裕一（glyph）
印刷所	三美印刷株式会社
製本所	田中製本印刷株式会社
発行所	株式会社 ひつじ書房

〒112-0011 東京都文京区千石2-1-2 大和ビル2階
Tel.03-5319-4916 Fax.03-5319-4917
郵便振替 00120-8-142852
toiawase@hituzi.co.jp　http://www.hituzi.co.jp

ISBN978-4-89476-356-2

造本には充分注意しておりますが、落丁・乱丁などがございましたら、小社かお買上げ書店におとりかえいたします。ご意見、ご感想など、小社までお寄せ下されば幸いです。